ANTOLOGÍA POÉTICA

BIBLIOTECA DE ESCRITORAS

MARÍA VICTORIA ATENCIA

ANTOLOGÍA POÉTICA

Edición, prólogo y notas

de

JOSÉ LUIS GARCÍA MARTÍN

EDITORIAL CASTALIA

INSTITUTO DE LA MUJER

Copyright © Editorial Castalia, S.A. 1990

Zurbano, 39 - 28010 Madrid - Tels. 419 89 40 - 419 58 57

Cubierta de Víctor Sanz

Impreso en España, Printed in Spain

por Unigraf, S.A. (Móstoles) Madrid

I.S.B.N. 84-7039-579-3

Depósito Legal: M. 37.195-1990

SUMARIO

INTRODUCCIÓN 7

NOTA BIOGRÁFICA DE MARÍA VICTORIA ATENCIA 39

BIBLIOGRAFÍA 41

CRITERIOS DE ESTA EDICIÓN 47

ANTOLOGÍA POÉTICA 49

    Arte y Parte 51
    Cañada de los ingleses (1961) 59
    Marta y María 65
    Los sueños (1976) 95
    El mundo de M.V. (1978) 101
    Paseo de la Farola (1978) 121
    El Coleccionista (1979) 127
    Compas Binario (1984) 145
    Paulina o el libro de aguas (1984) 163
    Trances de Nuestra Señora (1986) 171
    De la llama en que arde (1988) 175
    La pared contigua (1989) 187

ÍNDICE DE POEMAS 203

ÍNDICE DE LÁMINAS 208

Introducción

Hay poetas que tardan más que otros en llegar a los lectores, unas veces a causa de las dificultades intrínsecas de la propia obra y otras, simplemente, porque su difusión se realiza al margen de los cauces habituales.

Emily Dickinson, Fernando Pessoa o Gerard Manley Hopkins constituyen ejemplos de poetas cuya influencia se ha ejercido muchos años después de su muerte por la sencilla razón de que apenas publicaron en vida o lo hicieron —caso de Pessoa— fundamentalmente en revistas de corta tirada.

También María Victoria Atencia ha visto retrasarse el reconocimiento de la importancia de su obra, y ello explica su peculiar situación dentro de la poesía española contemporánea. Sólo muy tardíamente ha comenzado a encontrar un sitio entre sus coetáneos: los poetas de la llamada generación del cincuenta.

María Victoria Atencia nació en Málaga el año 1931. En torno a esa fecha nacieron poetas como Ángel González (1925), Carlos Barral (1928), José Angel Valente (l929), Jaime Gil de Biedma (1929), Francisco Brines (1932), Claudio Rodríguez (1934) o Carlos Sahagún

(1938). Como la mayor parte de ellos, la poetisa malagueña comenzó a darse a conocer en la década del cincuenta y como buena parte de los mismos publicó su primer libro significativo en la colección Adonais. Una de las primeras antologías generacionales —un número monográfico de *Cuadernos de Ágora* aparecido en 1959— incluía su nombre, que muy pronto sería borrado, con raras excepciones, de los estudios y recuentos de difusión nacional para no reaparecer hasta la década de los ochenta[1].

Dos fueron las razones de esa desatención: por un lado, la crisis creativa en que María Victoria Atencia se vio inmersa a lo largo de tres lustros de casi total silencio; por otro, las cuidadas y limitadas ediciones no venales en las que se fueron dando a conocer sus poemas, consecuencia del ambiente de interés por la imprenta en que se ha movido siempre (su marido, Rafael León, se ha dedicado a la impresión y a la fabricación artesanal de papel).

El "caso" literario de María Victoria Atencia tiene relación, más que con la generación a la que cronológicamente pertenece, con el grupo "Cántico", constituido por poetas también marginados en su momento y rescatados décadas después por el culturalismo novísimo. Significativo resulta a este respecto que la reaparición de María Victoria Atencia tenga lugar el mismo año, 1976, en que Gui-

---

1. La presentación del número monográfico de *Cuadernos de Ágora* corrió a cargo de Carlos Bousoño, quien encuentra que estos nuevos poetas coinciden en lo fundamental con la poesía vigente en España desde 1947. El núcleo temático "suele ser el hombre situado en un tiempo y en una circunstancia específicos, que el poeta se detiene a presentar (según módulos y perspectivas que varían de poeta a poeta) en toda su limitación, a veces angustiosa". Habría, sin embargo, dos diferencias con la generación anterior: una actitud más esperanzada y una mayor elaboración artística del lenguaje. La causa de esa actitud más esperanzada estaría, de una parte, en el hecho de que estos poetas no hayan participado en la guerra civil, y de otra, en una natural reacción contra la angustia soportada durante demasiado tiempo.

llermo Carnero publica el estudio que marca la recuperación del grupo cordobés[2] y con una obra, *Marta & María*, encabezada por una cita de Carnero, quien además ayudó a la autora a la estructuración del libro.

Primeros poemas

En 1953, y en edición no venal, como será en ella frecuente, según hemos indicado, aparece el primer libro de María Victoria Atencia, quien se anticipa así a la mayor parte de sus compañeros de generación: de ese mismo año es *Don de la ebriedad*, de Claudio Rodríguez; con posterioridad aparecerían *A modo de esperanza* (1955), de José Ángel Valente, *Áspero mundo* (1956), de Ángel González, *Metropolitano* (1957), de Carlos Barral, *Las brasas* (1960), de Francisco Brines, etc. En todos ellos resulta patente un intento de rescatar la poesía tanto del frío formalismo garcilasista —la estética de los vencedores en la guerra civil— como de las simplificaciones estilísticas a las que un mal entendido compromiso político había llevado a algunos autores[3].

Tierra mojada, que tal era el título de la entrega inicial de María Victoria Atencia, incluía cuarenta y tres breves textos, a medio camino entre el versículo y el poema en

2. Guillermo Carnero, *El grupo Cántico de Córdoba*, Madrid, Editora Nacional, 1976.

3. Como bibliografía básica sobre la generación del cincuenta pueden consultarse los siguientes libros: Juan García Hortelano, *El grupo poético de los años cincuenta*, Madrid, Taurus, 1978; Antonio Hernández, *Una promoción desheredada: la poética del 50*, Madrid, Zero-Zyx, 1978; José Luis García Martín, *La segunda generación poética de posguerra*, Badajoz, Diputación Provincial, 1986; Andrew P. Debicki, *Poesía del conocimiento*, Madrid, Júcar, 1987; Carmen Riera, *La escuela de Barcelona*, Barcelona, Anagrama, 1988; VV.AA., *Encuentros con el 50*. Oviedo, Fundación Municipal de Cultura, 1990.

prosa, precedidos de una cita de San Juan de la Cruz ("Amado con amada, amada en el amado transformada"). La presencia de San Juan de la Cruz será, desde este mismo momento inicial, una constante en toda su obra[4].

Al "Cántico espiritual" y a su fuente, el bíblico "Cantar de los cantares", deben mucho los breves poemas de *Tierra mojada*. Copiamos seguidamente, como muestra del tono del libro, el poema que lleva el número XXX: "Eres tan grande que de ser mujer me duele el alma. / Oh tú que posees un don de artífice: transfórmame en flor de tus jardines; allí sería blanca como el jazmín. / He recorrido los caminos abrasándome los pies hasta encontrar la fuente de tu mirada. / Tu color es de trigo y miel. Yo soy noche de cerrado invierno. / No me dejes ir: viviré a tu sombra para cerrar las llagas que en mi alma han abierto tus ojos"[5].

Aunque la autora no ha querido nunca reeditar, ni siquiera parcialmente, su primer libro (quizás por la ingenuidad sentimental del tono), en él se encuentran ya en germen muchas de las características de su poesía[6].

4. Uno de los poemas de *El mundo de M. V.* se titula "Estrofa 24", aludiendo a la que lleva ese número en el "Cántico espiritual"; "de mil escudos de oro coronada", como la amada del mismo poema sanjuanista aparecerá Venecia en *El coleccionista*; "Noche oscura" es el título de un poema de *Compás binario*; a "ediciones preciosas de San Juan de la Cruz" se alude en "La maleta", de *Marta & María*.

5. La expresión "viviré a tu sombra" recuerda el comienzo de uno de los *Sonetos del portugués*, de Elizabeth Barret Browning, publicados en la colección "Adonais", en traducción de Julieta Gómez Paz, por las mismas fechas en que aparecía en Málaga *Tierra mojada*. El soneto VI comienza: "Aléjate de mí. Pero sé bien / que desde ahora viviré a tu sombra" (versión de Carlos Pujol).

6. Las concordancias entre *Tierra mojada* y la poesía posterior de María Victoria Atencia son abundantes. En el poema XXV, por ejemplo, el primer versículo dice: "Como Ulises quisiera atarme al palo más alto de tu vida", que puede relacionarse con "¡Oh, sujetadme a un tronco, sujetad

La etapa de "Caracola"

Al año siguiente —en 1954— se publica el primer poema que María Victoria considera válido y que por eso es el que inicia esta antología. Se trata del soneto "Sazón", aparecido —y ello no resulta casual, como en seguida veremos— en las páginas de la revista *Caracola*.

En los cuatro versos iniciales de ese poema encuentra Francisco Ruiz Noguera "una de las claves fundamentales —o la clave fundamental— de la poesía de María Victoria Atencia"[7]. Dicen así esos versos: "Ya está todo en sazón. Me siento hecha, / me conozco mujer y clavo al suelo / profunda la raíz, y tiendo en vuelo / la rama cierta, en ti, de su cosecha". En la dualidad de la raíz firmemente hincada en la tierra y la aspiración al vuelo se encontraría la esencia de su poética, toda su obra surgiría de la tensión entre esas dos fuerzas. "Andar es no moverse del lugar que escogimos", escribirá más adelante en el verso final de *El mundo de M. V.*

Entre 1954 y 1961, a lo largo de lo que suele considerarse como su primera época, colabora habitualmente María Victoria Atencia en la revista *Caracola*, una de las publicaciones que en los años cincuenta marcaron el resurgir poético tras el eclipse de los primeros años de posguerra. Dichas revistas, que proliferaron por todas las provincias, pronto "rebasaron e inutilizaron todo intento de dirigismo estatal, pues estas publicaciones eran, en realidad, la úni-

---

este pie, sujetad esta mano!" (en "San Juan", de *Marta & María*) y con la referencia a Ulises y a San Sebastián en "Placeta de San Marcos", de *El coleccionista*.

7. Francisco Ruiz Noguera, "Sobre la poesía de María Victoria Atencia", en *Anthropos*, n.º 97, Barcelona, junio 1989, p. XXX.

ca prensa casi libre que había entonces en España[8]", como señaló recientemente Ángel Crespo.

A lo largo de su dilatada historia —se publicó ininterrumpidamente desde 1952 hasta 1975—, *Caracola* pasó por muy diversas etapas. La más interesante de ellas es la que abarca hasta el número 106 (correspondiente a agosto de 1961), coincidiendo con la colaboración asidua de María Victoria (en los años siguientes su nombre sólo aparece muy de tarde en tarde).

En esa década inicial se cuida del aspecto tipográfico de la revista Bernabé Fernández-Canivell, heredero de la tradición impresora malagueña que habían iniciado Emilio Prados y Manuel Altolaguirre. Resulta curioso señalar que *Caracola* se imprime incluso en la misma imprenta "Sur" —cambiado su nombre por el de "Dardo"— en que lo había hecho la mítica *Litoral*[9]. Ayudaban a Fernández-Canivell —que no sólo se ocupaba de la confección material de la revista— Rafael León, Enrique Molina Campos y Vicente Núñez.

El gran valor histórico de *Caracola* consistió en restablecer el puente con los poetas del exilio. Ya en su número 4 se publicó una carta de Juan Ramón Jiménez quien, a partir de entonces, se convierte en un colaborador casi habitual. Lo mismo les ocurriría a los autores de la generación del 27, que gracias a *Caracola* reanudan la especial relación con Málaga que habían tenido antes de la guerra civil[10].

---

8. Ángel Crespo, "Autopercepción intelectual de un proceso histórico", en *Anthropos*, n.º 97, Barcelona, junio 1989, p. 25.

9. Tras la guerra civil, la Prensa del Movimiento se incautó de la imprenta y comenzó la publicación del diario *Sur*, que aún sigue apareciendo con ese nombre. Al levantarse la incautación, la imprenta aceptó como suyo el título de una revista, *Dardo*, que por entonces se confeccionaba en ella.

10. La trayectoria de *Caracola* ha sido estudiada por Ana María Castillo, en "Caracola, revista malagueña de poesía" (*Analecta Malacitana*, vol. III,

El grupo impresor de *Caracola* es el único al que María Victoria Atencia se ha sentido ligada, al que más debe su formación literaria. La desaparición de ese grupo a principio de los sesenta —aunque la revista continuaría apareciendo todavía durante más de una década— ha sido señalada como una de las posibles causas de su largo silencio editorial.

Los libros iniciales

En 1961, tras haber sido parcialmente anticipados en entregas menores, aparecen los dos libros que constituyen la primera etapa de la poetisa malagueña, *Arte y parte* y *Cañada de los ingleses*. Ambos tienen en común uno de los más conocidos poemas de María Victoria Atencia, el titulado "Epitafio para una muchacha", que posteriormente sería grabado sobre una lápida colocada en uno de los muros del cementerio inglés de Málaga.

Para Guillermo Carnero se trata de libros "cuya característica más evidente es la inmediatez expresiva, la sinceridad directa, la falta de distanciamiento entre el autor y la percepción de los asuntos poéticos. Es la actitud propia del poeta en su primera juventud, cuando todo, en la realidad y en la escritura, es nuevo y deslumbrante; cuando nombrar algo y sumergirse en ello son actitudes parejas"[11].

Arte y parte, a juicio de Rafael León, "era una contemplación de su adolescencia o de otras adolescencias hechas suyas: el mundo revivido de su colegio, de su espiritualidad, de su afectividad ya hacia un concreto destino.

2, 1980, pp. 365-383). A la misma autora se debe la publicación del *Índice general de Caracola* (Málaga, 1980).

11. Prólogo a *Ex Libris* (Madrid, Visor, 1984), p. 11.

Dentro de su variedad métrica, aparecen ya los modos heptasilábicos que van a cuajar en el alejandrino extremadamente refinado que caracteriza su poesía"[12].

La crítica ha solido subrayar el cambio de tono —y de calidad estética— entre estos libros y los siguientes. Y no cabe duda de que al lector de *El coleccionista* o de *Compás binario* a menudo le da la impresión de encontrarse ante otro poeta. Leídos con detenimiento, sin embargo, confirman las palabras de Rafael León: "Creo que la poesía de María Victoria estaba ya, toda, aunque en germen, en sus dos primeras entregas venales: *Arte y parte* y *Cañada de los ingleses*. Ganará después en hondura y adelgazamiento de sus poemas, pero sin que en ningún momento se produzca en su obra la menor desviación del sentido que llevaba desde su propio origen"[13]. Se da incluso el caso de que un libro entero —el titulado *Trances de Nuestra Señora*— puede considerarse como un desarrollo del poema, "Letanías de Nuestra Señora en la noche de Navidad", incluido en *Arte y parte*.

Cañada de los ingleses —el título alude a la que se abre en Málaga entre dos laderas, en una de las cuales se sitúa el cementerio inglés— consta sólo de seis poemas, en los que un niño, una muchacha y una joven madre se ven sucesivamente desde cada una de las dos laderas, la de la vida y la de la muerte.

Los poemas impares están puestos en boca de los distintos personajes (el niño habla desde dentro del vientre de la madre); los poemas pares —los epitafios— utilizan sucesivamente cada una de las tres personas gramaticales: la primera persona ("Elegía por un niño"), la segunda

---

12. En "El mundo de María Victoria Atencia", cuestionario publicado por la revista *Jugar con fuego*, n.º 10, Avilés, 1980, p. 46.
13. Art. cit., pág 51.

("Epitafio para una muchacha") y la tercera ("Réquiem por una joven madre").

Félix Ros se ha referido a este breve conjunto de poemas como a un libro escrito "todo a medias tintas de acuarela, con ternura y alacridad"; habría en él una "emoción lapidaria doblemente, clásica de punta a cabo"[14]. Al igual que en *Arte y parte*, la perspectiva femenina desde la que se escriben los poemas resulta uno de los rasgos más característicos del conjunto.

Palabras de mujer

"Me conozco mujer" había escrito María Victoria en el soneto "Sazón". Desde el principio habla como mujer, sin temor ni al tono ni a los temas considerados tópica y despectivamente como femeninos.

Incluso en sus libros más culturalistas resultará claramente perceptible tal hecho. Fernando Ortiz lo ha sabido ver con lucidez: "Las imágenes de las que se sirve María Victoria son algo más que bellas. Son femeninas. Esa mujer habla de Mahler, de Manrique, de Góngora, de un mundo cultural que ha asumido y que ha sido hecho por los hombres. Pero al devolvérnoslo recreado en sus palabras lo hace con palabras de mujer. La poesía, para serlo, ha de trascender la realidad sin negarla. Y aquí, a poco que se ahonde, hay un mundo diario que a veces es doméstico y resignado, a veces maternal y solícito, cuando no de desesperación, de rebeldía, de pasión, de soledad intransferible, como también es intransferible el halo mágico de la infancia"[15].

Más difícilmente aceptable nos parece su afirmación de

14. Citado por Rafael León en "El mundo de María Victoria Atencia", p. 46.
15. Fernando Ortiz, *La estirpe de Bécquer* (Jerez de la Frontera, Fin de Siglo, 1982), p. 190.

que resulta también perceptible en la poesía de María Victoria Atencia "la subconsciente protesta ante la marginación a la que nuestra cultura la relega por el hecho de ser mujer"[16]. Se basa para ello en una presunta lectura psicoanalítica del poema "El paraguas", incluido en *Los sueños*.

"Estaba yo ocupándome de la compra, el teléfono, / la ropa de los niños", se lee en un poema de *Marta & María*. Las referencias a su mundo cotidiano de madre y ama de casa abundan en los versos de María Victoria Atencia. Tanta importancia tienen en sus poemas una acuarela de Turner como el cepillo que no encuentra cuando va a peinarse, el iniciático viaje a Italia como la diaria visita al mercado, la música de Haendel como la mermelada inglesa. Todo ello son pretextos, las apoyaturas que la realidad le ofrece para elevar sobre ellas —sin negarlas, pero trascendiéndolas— la otra realidad del poema. La raíz profundamente clavada al suelo —según leíamos en el soneto "Sazón"— no le impide tender en vuelo la rama cierta de su poesía a los más diversos aires del arte y de la cultura. Por ello pudo escribir con toda razón Aquilino Duque: "Siendo sumamente femenina la poesía de María Victoria Atencia, sería injusto encerrarla en el serrallo de la poesía femenina, del mismo modo que, siendo sumamente andaluza, sería injusto encerrarla en el reino de taifas de la poesía andaluza"[17].

Razones para un silencio

Entre 1961 y 1976, María Victoria Atencia sólo publica un poema, "El ramo", aparecido en 1971 en una de sus

16. Op. cit., p. 191.
17. "Las alas de María Victoria", en Aquilino Duque, *Metapoesía* (Sevilla, Ayuntamiento, 1984), pp. 125-126.

acostumbradas *plaquettes* no venales. Por su tema y su tono, este poema sentimental y directo no es más que un eco rezagado de la primera etapa: "El ramo, muy pequeño, / con trabajo rebosa / la talla de los dedos / de mi hijo, tan cortos". Nada hacía presagiar por entonces que pronto su poesía aparecería metamorfoseada, sorprendentemente crecida "en espacio y volumen, en claridad y aroma"[18].

No existe una única razón para esa prolongada etapa de silencio: ya nos hemos referido al fin de la primera época de la revista *Caracola* (su auténtico taller literario); se ha hablado también de la absorbente dedicación familiar (son los años en que nacen sus hijos), del deslumbramiento que le produjo la lectura de Rilke, de la vigencia aún —en los primeros sesenta— de una poesía realista y comprometida poco acorde con su sensibilidad...[19] Es posible que, aparte de razones personales, algo hubiera en el clima de la época que, por las mismas fechas, obligara a callar a una determinada clase de poetas. Lo que ocurrió con María Victoria Atencia ocurrió también con Pablo García Baena, Juan Bernier, Julio Aumente o Vicente

---

18. Verso que inicia el poema "Paseo de Sancha", en *Los sueños*.
19. La propia autora, a pregunta de José Espada Sánchez, ha dado la siguiente respuesta: "Fueron años de enriquecimiento humano y de lectura continua. Sé muy poco, pero entonces sabía mucho menos. Estos años fueron para mí de crecimiento interior, si puedo decirlo de este modo. Pero, además, la gran poesía que iba conociendo a través de esas lecturas me hacía ser mucho más exigente conmigo misma. Y no es que después haya creído que ya estaba en condiciones de volver a escribir, sino que, por lo que a mí se refiere, mayor silencio no iba a mejorar mis limitaciones. Por otra parte, durante esos años se impuso en casi toda España —al menos fuera de nuestra tierra andaluza— un modo de poesía, al que se llamó 'social', demasiado distinto de los modos que a mí me importaban". (*Poetas del Sur*, Madrid, Espasa Calpe, 1989, p. 394.)

Núñez, todos ellos silenciosos entre los últimos años cincuenta y finales de los setenta[20].

La cotidianidad y los sueños

Dos entregas, *Marta & María* y *Los sueños*, publicadas ambas en 1976, inauguran la segunda etapa en la obra de María Victoria Atencia, en la que ya encuentra, tras los titubeos iniciales, algo lastrados de sentimentalismo, un tono de voz al que permanecerá fiel desde entonces, sin miedo a las acusaciones de monotonía que desde algunos sectores se le han hecho. A partir de ahora los poemas de María Victoria resultarán inconfundibles, ni siquiera necesitarían ir firmados: sus alejandrinos —es su verso preferido— suenan como los de ningún otro poeta[21].

Con escasas excepciones, los poemas de ambos libros utilizan idéntico metro alejandrino y tienen la misma extensión, doce versos (en *Marta & María* separados en dos partes —por lo general simétricas— mediante una pausa estrófica, cosa que no ocurre en *Los sueños*).

Marta & María se inicia con una cita de Guillermo Carnero: "Porque el discurso del fracaso, / la lucidez, la fantasmagoría, / son un arte de amar". A Guillermo Carnero se le debe también la ordenación de los poemas en tres

20. Pablo García Baena publica *Óleo* en 1958 y su siguiente libro *Antes que el tiempo acabe* no aparece hasta 1978; Juan Bernier permanece apartado del verso entre *Una voz cualquiera* (1959) y *Poesía en seis tiempos* (1977); Julio Aumente entre *Los silencios* (1958) y *Por la pendiente oscura* (1982); Vicente Núñez entre *Los días terrestres* (1957) y *Poemas ancestrales* (1980).

21. "¿Cómo llegaste a asumir el alejandrino como tu verso predilecto?", le pregunta Sharon K. Ugalde. "Creo que de una manera natural: como se adopta un peinado o un perfume", le responde María Victoria Atencia. Y luego añade, en el mismo tono de poeta que se quiere ajeno a erudiciones: "Como aquel personaje de Molière que había hablado toda su vida en prosa sin intención y sin saberlo". (Entrevista inédita, Málaga, nov. 1988.)

secciones, justificada por él de la siguiente manera: "En la primera se recogen atisbos de un estado de ánimo, no concluyentes por su natural inhibición; en la segunda se declaran ya las intuiciones que antes se apuntaban, aunque mediante una torsión que les resta violencia; en la tercera, María Victoria reasume cuanto llevaba escrito y lo resuelve como afirmación y construcción propia"[22]. Esta división explica el que los tres poemas escritos con motivo de la muerte de Blanca Nieves, hija de Bernabé Fernández-Canivell, aparezcan cada uno en una sección distinta: "Ahora que amanece" (sección I), "Blanca niña, muerta, habla con su padre" (sección II) y "Casa de Blanca" (sección III).

El título del libro —el mismo que el de una conocida novela de Palacio Valdés— alude a un famoso pasaje evangélico: "Yendo ellos de camino, entró en un pueblo; y una mujer, llamada Marta, le recibió en su casa. Tenía ella una hermana llamada María, que, sentada a los pies del Señor, escuchaba su Palabra, mientras Marta estaba atareada en muchos quehaceres. Acercándose, pues, dijo: 'Señor, ¿no te importa que mi hermana me deje sola en el trabajo? Dile, pues, que me ayude'. Le respondió el Señor: 'Marta, Marta, te preocupas y te agitas por muchas cosas; y hay necesidad de pocas, o mejor, de una sola. María ha elegido la parte buena, que no le será quitada" (Lc 10, 38-42).

Los personajes evangélicos se han considerado tradicionalmente como símbolo de la vida activa y de la vida contemplativa. María Victoria Atencia se inclina por la complementariedad de ambas, y de ahí ese signo "&" que aparece en el título (en los países anglosajones se utiliza

22. Citado por Rafael León en "El mundo de María Victoria Atencia", p. 47.

19

generalmente para unir los nombres de los asociados en una misma empresa).

El tiempo y los recuerdos de infancia tienen gran importancia en estos poemas, que pueden considerarse como anotaciones de un diario en el que sólo esporádicamente se consignan las fechas (en el título del poema inicial, por ejemplo, o en el verso penúltimo de "Testimonio"). La obsesión temporalista con frecuencia se vuelve explícita, como ocurre en el poema "San Juan": "El tiempo, el tiempo siempre: el tiempo, el tiempo, el tiempo: / saltaré mientras dure la comba de las horas. / Mi salteador, el tiempo. ¡Oh, sujetadme a un tronco, / sujetad este pie, sujetad esta noche!"

A veces el poema se pone en la boca de un personaje: "Blanca niña, muerta, habla con su padre", "Jardinero mayor", "Ofelia". En otras ocasiones tiene un destinatario interno, como ocurre con "Saudade", donde aparece en forma de vocativo, "amiga Rosalía".

Cotidianidad, delicadeza, misterio son las características de los versos de *Marta & María*, que Manuel Alvar ha relacionado con los de la poetisa norteamericana Edna St. Vincent Millay, quien "también practicó una poesía de calladas interioridades, y su mundo estaba lleno de recuerdos: el desván de la casa donde se almacenaban las cosas entrañables, el juego que se ordena cuando la llamada lo trae, las presencias que convierten el hogar en santuario"[23].

La música y la poesía, el mundo del arte que tanta importancia tendrá en la etapa siguiente, se encuentran ya en *Marta & María*: la música de Haendel y Corelli, los versos de San Juan de la Cruz y de Rosalía, los *Cuadernos de Malte*, de Rilke. La diferencia estriba en que en esta

---

23. Manuel Alvar, "Marta & María", en *Sur*, Málaga, 31-III-1985.

obra no suelen aparecer como motivo central del poema, sino como referencias que contribuyen a configurar el cuadro de la cotidianidad de la autora.

Quizás sea este libro el más unitario y característico de María Victoria Atencia; aunque no hubiera publicado otros títulos, es posible que con él solo ya ocupara el mismo lugar que ocupa en la poesía española contemporánea.

Diez poemas escritos a lo largo de un año —entre el 9 de octubre del 75 y el 10 de octubre del 76, según se hace constar al pie del primero y del último— integran el libro *Los sueños*; se trata —ha declarado Rafael León— de "la mera anotación casi clínica de un cierto número de ellos, transcritos con expresa renuncia a cualquier tentación reelaboradora"[24]. Ofrecen estos versos un contrapunto onírico al mundo evocado en *Marta & María*. Las casas en las que ha vivido o en las que ha jugado, las figuras paternas, el traje de la primera comunión, los personajes del cine de terror visto en la infancia se entrecruzan en unos poemas que no desdeñan ni la trivialidad ni el absurdo característico de los sueños.

El poema "Casa de Churriana" se integrará luego, con el título cambiado por "Sueño de Churriana", en el libro siguiente, *El mundo de M. V*. Con ese libro y con el cuaderno *Paseo de la Farola*, publicados ambos en 1978, se cierra la segunda etapa en la poesía de María Victoria Atencia. Los títulos ya resultan suficientemente expresivos de su deseo de recoger su entorno más inmediato: Paseo de la Farola es el nombre de la calle en que vive la autora, junto al puerto de Málaga.

Málaga y sus alrededores —abundan los topónimos precisos— constituyen el escenario de esta etapa, aunque

24. Rafael León, art. cit., p. 47.

en algún poema se mencionen otras tierras: "En Padrón me dirás el nombre de las flores", leemos, por ejemplo, en "Saudade", de *Marta & María*.

La "encadenada fidelidad a lo real", su gusto por "el menudeo y el pormenor de lo cotidiano, superior siempre a la más fantástica ficción"[25] que Pablo García Baena ha señalado como característica de la poesía de María Victoria Atencia son rasgos que resultan especialmente adecuados para esta segunda etapa de su obra, aunque no dejan por ello de tener validez para toda ella.

Los poemas de *El mundo de M. V.* se ordenan conforme propone el "Eclesiastés 3, 5" (título precisamente de uno de los poemas). El título del conjunto proviene de un cuadro de Andrew Wyeth, "El mundo de Cristina", al que se dedicará posteriormente un poema en *Compás binario*.

Se inicia el libro con un poema que describe el entorno cotidiano de la autora: la cretona inglesa, el quinqué, el tapiz de Aubusson. La fantasía añade una imprevista profundidad a ese ambiente: "puedo llegarme al verde y al azul de los bosques / de Aubusson y sentarme al borde de un estanque / cuyas aguas retiene el tapiz en sus hilos".

El poema final de la primera parte habla de un juego que se convierte en símbolo metapoético: "Te propongo este juego: yo te doy una cosa / a ti: la que tú quieras. Y tú dame la cámara / lenta en que pueda verme con mis cosas en torno. Detengamos la sombra del sol en sus relojes, / las aguas en sus ríos. Y, por sólo este día, / que contenga su vuelo la gentil oropéndola". Esa y no otra es la intención de la autora en estos textos: perpetuar el momento,

---

25. "Una colección de rigor y belleza", en *A "El coleccionista", de María Victoria Atencia* (Sevilla, Calle del Aire, 1980), s. p.

unificar, en el instante sin tiempo del poema, presente, pasado y futuro.

Los tres poemas de la parte siguiente —"Razón del tiempo en Churriana"— se localizan en ese pueblo cercano a Málaga, hoy día ya una barriada de la ciudad, en el que la autora fue engendrada, aunque no llegó a nacer. Como en el poema de Gil de Biedma "Barcelona jà no es bona o mi paseo solitario en primavera", María Victoria regresa a los lugares en que le parece haber estado antes de nacer: "En el fresco zaguán un olor recordado / de repente, me atrae a esta casa en que nunca / estuve antes de ahora. Mas viví sin embargo / en torno de este patio con zócalo de almagra / y su pilón vacío de agualuna al sereno".

"Tiempo de los baños" evoca el balneario de Carratraca, situado en tierras que fueron del señorío de Eugenia de Montijo, con su decadente atmósfera viscontiana.

Tres epitafios integran "Tiempo para que el viento rompa el cristal suelto" (el título de la sección traduce un verso de Eliot[26]). Destaca en especial el final del poema "Cuarenta años más tarde", uno de los pocos textos en que se alude, si bien muy tangencialmente, a la guerra civil: "Tras el fulgor de julio, la tierra sigue siendo / tremendamente dura y hermosamente cierta". María Victoria Atencia, al contrario que la mayoría de sus compañeros de generación, y ésa puede ser otra de las razones que

26. Se trata de un pasaje de los *Cuatro cuartetos* en el que Eliot alude también al pasaje del *Eclesiastés* que le sirve a María Victoria Atencia para estructurar su libro: "Hauses live and die: there is a time for building / And a time for living and for generation / And a time for the wind to break the loosened pane" ("East Coker", vv. 9-11). La traducción de José María Valverde es la siguiente: "Las casas viven y mueren: hay un tiempo para construir / y un tiempo para vivir y para engendrar / y un tiempo para que el viento rompa el cristal desprendido".

explican su aislamiento, nunca dejó que los coyunturales intereses políticos tuvieran lugar en su obra[27].

"Tiempo para el recuerdo" recoge dos poemas cuyo circunstancial origen se debe a un viaje a Suecia. A partir de *El coleccionista* los viajes serán una de sus más constantes fuentes de inspiración, una de las formas de abrir ventanas a un mundo que se sabe, y se quiere, más hondo que extenso.

"Tiempo para el amor" se titula la sección que cierra el libro. "Estrofa 24" —inspirado en esa estrofa de "El cántico espiritual", de San Juan de la Cruz— es el poema más irracional del conjunto. Nunca María Victoria Atencia estuvo tan cerca de la aparente incoherencia surrealista como en estos versos: "Ay mi anillito de oro, mi anillito plomado: / démosle vacaciones al ave migratoria / y música a las aguas para goce y recreo / de la trucha en el río". El poema termina con un final anticlimático, muy característico de la autora por su toque de cotidianidad: "Mas llevaré el jersey porque a la hora de prima / refresca crudamente".

"Godiva en blue jean", como todo el libro, se estructura sobre el contraste entre realidad y fantasía, una fantasía a la que la autora trata, sin conseguirlo, de eliminar de su vida: "No, no es eso, no es eso; mi poema no es eso. / Sólo lo cierto cuenta. / Saldré de pantalón vaquero (hacia las nueve / de la mañana), blusa del "Long Play" y el cesto / de esparto de Guadix (aunque me araña a veces / las rodillas). Y luego, de vuelta del mercado, / repartiré en la casa amor y pan y fruta".

Termina el libro con un verso, ya citado anteriormente, que resulta paradigmático de la poesía de María Victoria

---

27. A los años de la guerra se refieren también los poemas "Epitafio", de *Compás binario*, y "Éxodo", de *La pared contigua*.

hasta la fecha: "Andar es no moverse del lugar que escogimos". El título que Emir Rodríguez Monegal dio a su estudio sobre la obra de Pablo Neruda —El viajero inmóvil— podría también servir de lema a la primera y a la segunda etapa de esta poesía, tan centrada en un preciso escenario mediterráneo, tan llena de juegos con el tiempo.

Para Rafael León *El mundo de M. V.* supone una vuelta al mundo de la juventud de la autora (una juventud más temprana que la evocada en *Arte y parte*); "de ese mundo —añade— sólo se recogerá su proyección sobre el presente y su iluminación del mañana, a los que explica y justifica en una misma luz sin rotura"[28].

El breve cuaderno *Paseo de la Farola* cierra la que puede considerarse como segunda época de la poesía de María Victoria Atencia. Al alejandrino habitual en los últimos libros le sustituye ahora el heptasílabo, como para acentuar la ligereza del conjunto. Los poemas —casi meros "apuntes" de corte impresionista— recogen el movimiento del puerto malagueño, que la autora puede contemplar desde las ventanas de su casa, entre el amanecer y el anochecer de un mismo día.

Cultura y vida

La mínima extensión de los poemas de *Paseo de la Farola* se continúa con *El coleccionista* (1979), el libro en el que María Victoria se abre al mundo tras la voluntaria reclusión malagueña de los poemas anteriores. Italia es la protagonista de las tres primeras series, tituladas "Venezia serenissima", "Suite italiana" y "Capillas mediceas".

Los poemas dedicados a Venecia inician *El coleccionis-*

---

28. Rafael León, art. cit., p. 47.

ta, como si la autora hubiera querido enfrentarse desde el principio directamente con uno de los tópicos esteticistas que incluso sirvió para dar nombre a la generación novísima. La concisión característica de María Victoria Atencia le impide incurrir en los barroquismos habitualmente asociados a la ciudad del Adriático. El tiempo, la belleza, la derrota del deseo constituyen el verdadero asunto de una meditación que se ejemplifica ahora con el decadente y prestigiado escenario veneciano —Placeta de San Marcos, Rialto, Caffè Florian—, pero que es la misma que antes utilizaba como "correlato objetivo" —para decirlo con la famosa expresión de Eliot— el entorno doméstico.

"En el joyero Tiffany's" reúne poemas de diversa temática, deslumbrantes en su mayoría como pequeñas joyas. "Haikú" se titula uno de ellos. Con esa composición oriental ha sido puesta en relación por los críticos más de una vez la poesía de María Victoria Atencia. Pero no es el poema así titulado —con sus tres alejandrinos— el que más se aproxima a las diecisiete sílabas del *haikú*. Más cercanos se encuentran los que integran la serie "Suite italiana", de los que "Jardín de Intra" puede servir de ejemplo: "En medio de la plaza / el otoño derrama / rojos, carmines, ocres".

Como la mayor parte de los poetas españoles que se han acercado al *haikú* —muy numerosos en este siglo, hasta el punto de que Aullón de Haro[29] ha visto en el *haikú* unas de las características formales de la poesía española contemporánea—, María Victoria Atencia no trata nunca de atenerse estrictamente a la ortodoxia de la estrofa japonesa, cosa por otra parte imposible en una lengua tan distinta como la nuestra, sino que se limita a

29. Pedro Aullón de Haro, *El Jaiku en España* (Madrid, Playor, 1985); *La poesía en el siglo XX* (Madrid, Taurus, 1989).

tomarla como modelo para intentar conseguir la máxima sugerencia con los mínimos elementos posibles.

"Capillas mediceas" glosa cuatro de las esculturas que Miguel Angel situó en la tumba de Lorenzo de Médicis; a esculturas y pinturas se refieren también los poemas de "Champs Elysées" y de "Homenaje a Turner". Pero, según ha escrito José Luis Cano, nada más lejos "que el poema-estampa o el poema-friso de los parnasianos. La brevedad del texto no aleja del poema la emoción, sino que la hace más intensa y temblorosa". Y es que —como señala el mismo crítico— "la autora no se limita a evocar un cuadro o un instante vividos, sino que ella misma es personaje del instante o del cuadro con los que convive en el poema"[30]. Así el rostro femenino de "Pintura inglesa" parece esperar la visita de la autora al museo con una taza de té todavía humeante: "El vaho de la taza / de té con que me obsequia en el lienzo se alza / y un instante desdobla la mujer de su tiempo".

Termina *El coleccionista*, uno de los más misceláneos libros de la autora, con "Aroma caudal", una sección también miscelánea en la que el referente culturalista pierde importancia para ser sustituido por el más directamente autobiográfico. Como en *Marta & María*, como en *El mundo de M. V.*, el tiempo vuelve a convertirse en protagonista: "A traición nos asaltan los antiguos instantes / que la fotografía detuvo en sus cartones / junto a un tiempo que ya nos hiere con sus manos", leemos en "Photo Hall", un poema que toma su título del nombre de un antiguo estudio fotográfico malagueño y en el que resuena un eco de la "Epístola moral a Fabio".

Algunos críticos han relacionado los poemas de *El co-*

30. José Luis Cano, "La poesía de María Victoria Atencia", en *Ínsula*, n.º 389, Madrid, enero 1980.

leccionista con el culturalismo puesto de moda por los poetas novísimos en los años setenta. Pero tal culturalismo ya estaba presente en la tradición andaluza más cercana a María Victoria Atencia, como puede ser la representada por los poetas de "Cántico".

Se trata de un libro —ha escrito Rafael León a propósito de *El coleccionista*— "que resume viajes y contemplaciones, y por eso tan *culturalista* como lo pueda ser la oda a las ruinas de Itálica, de Rodrigo Caro, o la recreación del mito de Polifemo hecha por Góngora (...) Pero María Victoria no se integra en un testimonio cultural, sino que se lo apropia: el sustrato histórico apenas si sirve de explicación —por situación paralela— a una meditación propia"[31].

Casi todas las secciones de *El coleccionista* se publicaron en entregas independientes no venales. En la nueva edición del libro —la incluida en *La señal*— se incorporarán otras *plaquettes* aparecidas por las mismas fechas, como *Himnario* (1978), cuatro breves poemas dedicados a evocar el martirio de diversos santos.

Los poemas de María Victoria Atencia a menudo se agrupan en series que no alcanzan entidad suficiente para constituir un volumen; de ahí que varios de sus libros estén integrados por secciones que se habrían podido organizar de distinta manera. Era el caso de *El coleccionista* y lo es también el de su título siguiente, *Compás binario* (1984), recopilación de entregas menores publicadas con anterioridad de manera aislada.

La sección final destaca por su tono del resto del heterogéneo volumen. Se titula "Caprichos" y consta de seis poemas a modo de breve glosa de otros tantos cuadros de Goya (que no pertenecen, sin embargo, a pesar de la

31. Rafael León, art. cit., p. 48.

coincidencia en el título, a la serie goyesca de los "Caprichos").

El crítico Emilio Miró ha visto en estos poemas "la herencia —depuradísima en M. V. Atencia— parnasiana, el legado de nuestra poesía modernista, desde los *Retratos antiguos* del olvidado Antonio de Zayas hasta el *Apolo (Teatro pictórico)* de Manuel Machado"[32].

El tono levemente satírico e incluso humorístico resulta insólito en la obra de María Victoria Atencia. Como también resulta insólita la rima consonante de "Húsar de la Reina" (sólo en los cuatro sonetos de *Arte y parte* y en algunos de los poemas de *Trances de Nuestra Señora* se había utilizado la rima). Se trata, en este caso, de rimas agudas, monótonamente repetidas a lo largo de los seis versos, que subrayan el carácter esperpéntico del personaje, expresamente calificado así en el último verso: "Que alza y viva siempre, sin trampa ni cartón, / el bizarro esperpento de Don Pantaleón"[33].

"Debida proporción" —un eco de la "divina proporción" clásica— es el título de una de las partes de *Compás binario*, y eso es, según ha señalado Felipe Benítez Reyes, la poesía de María Victoria Atencia: "una proporción de aristas, un caleidoscopio estático donde el sueño se ha detenido y se ha contemplado a sí mismo". Previamente, y en el mismo artículo, el citado crítico había escrito lo siguiente: "María Victoria Atencia tiene un don raro y envidiable: una suerte de inocencia trágica que el lector advierte tras la apariencia hierática, casi parnasiana, de sus versos. Parece su poesía de una unitaria temperatura

---

32. Emilio Miró, "De la llama en que arde", en *Ínsula*, n.º 517, Madrid, enero 1990.
33. La expresión "que alza y viva" procede de los cantes populares andaluces ("Que alza y viva Ronsa" es el macho de uno de los "palos" o cantes de la serranía malagueña).

emocional; parece también que el verso rehúsa la contundencia por un dulce sentido de la mesura interior. En sus poemas —de corte casi epigráfico, como pensados para ser esculpidos en algún sitio, a la manera de aquellos autores que hoy conforman el índice de la *Antología Palatina*— rara vez se opta por una sentencia sin doblez: lo usual es el tono insinuante, susurrado, por el que discurre con fluidez esa naturaleza trágica, contradictoria y turbada. Recurre a correlatos que se resuelven mediante asociaciones tan sorpresivas como lógicas, asociaciones en las que no media el ingenio —esa virtud tan dudosa en poesía— sino una especie de revelación, de mirada siempre nueva y en alerta constante ante los acontecimientos"[34].

La música, y de ahí quizás el título del libro, está muy presente en *Compás binario*, con poemas dedicados a Mahler, Juan Sebastián Bach y Shostakovich. No faltan tampoco los homenajes a los poetas, unas veces mencionados explícitamente —es el caso de Jorge Manrique, Góngora o Ronsard— y otras sólo aludidos, como San Juan de la Cruz en el poema "Noche oscura", en el que la noche oscura de los místicos se reinterpreta en clave metapoética: "Amante el más difícil, que hasta el alba persigo: / en tu vacío encuentra mi poema su hechura".

Paulina o el libro de las aguas (1984) vuelve a recorrer la Italia de *El coleccionista*, aunque no falten tampoco los poemas que se sitúan en escenarios españoles. El poema inicial —y de ahí el título del conjunto— nos habla de Paolina Borghese, o mejor, de su retrato esculpido por Canova, pero el verdadero protagonista sigue siendo María Victoria Atencia, no la estatua, el cuadro o la ciudad que mencionan sus versos. "Vale más —ha escrito Abe-

---

34. Felipe Benítez Reyes, "De la poesía como un caleidoscopio detenido", en *Fin de siglo*, n.º 0, Jerez de la Frontera, 1982, pp. 3-4.

lardo Linares— el clima de irrealidad, como en los sueños, que alienta en casi todos los poemas y la esencial carga dramática de los mismos. Su distanciamiento no declara pretensiones de objetividad sino la máscara que vela una confesión íntima". Se trataría, pues, según señala el mismo crítico, de una poesía "de la experiencia, pero en una peculiarísima modalidad que la torna casi mística; poesía en que la comunión con la naturaleza o la contemplación del mundo circundante se revelan como *experiencia interior*, indiscernible de la propia intimidad del poeta"[35]. La elusión y el fragmentarismo, al romper la linealidad narrativa, contribuirían al tono misterioso de los poemas.

"Letanías de Nuestra Señora en la noche de Navidad" se titulaba uno de los poemas de *Arte y Parte*. Como desarrollo de ese poema pueden considerarse los textos con que María Victoria acostumbra a felicitar a sus amigos las navidades, impresos primero en sobrios cuadernos y luego reunidos en *Trances de Nuestra Señora* (1986), un volumen que irá creciendo en sucesivas reediciones. La navidad se recrea desde el punto de vista femenino: la boda, el embarazo, el parto, la lactancia. La Virgen se convierte así en el arquetipo, en el contrapunto mítico de toda maternidad. Los poemas, escritos en alejandrinos, suelen constar de seis versos cada uno, dispuestos a veces en dísticos con rima asonante en los versos impares. "Lo lírico de estos *Trances* —ha escrito Biruté Ciplijauskaité— surge del cruce del misterio espiritual con la vida cotidiana, percibido con plena conciencia"[36].

---

35. Abelardo Linares, "La serenidad de la belleza", en *Fin de siglo*, n.º 9-10, Jerez de la Frontera, 1985.
36. Biruté Ciplijauskaité, "La renovación de la voz lírica", en *Zurgai*, Bilbao, diciembre 1989, p. 41.

Los últimos libros

De la llama en que arde (1988) toma su título de un verso de Dante: *Ciascun si fascia di quel ch'elli è inceso*, traducido como "Cada uno se reviste de la llama en que arde". No será la única referencia a Dante que aparece en el libro. El poema "Ceras de Denise" —tres estrofas de tres versos, como recuerdo del valor simbólico que el número tres tiene en *La Divina Comedia*— comienza de la siguiente manera: "Decorabas mis muros *nell mezzo del cammin / di nostra morte*, dádiva de un azul extinguido / en su calima, que era una advertencia ya". El verso inicial del poema dantesco se reproduce cambiando "vita" por "morte".

Las alusiones intertextuales resultan relativamente abundantes en la obra de María Victoria Atencia. El poema "Olvera de la Sierra", por citar ejemplos de este mismo libro, remite a Cernuda en su primer verso: "Olvera de ti, sí —y no ignorancia tuya—" (en "El amante divaga", de *Poemas para un cuerpo*, Cernuda había escrito: "Olvido de ti, sí, mas no ignorancia tuya"); "cuando retorne a Brideshead", hemistiquio final del poema "Memoria", alude a *Brideshead revisited* (Retorno a Brideshead), la conocida novela de Evelyn Waugh. No menos frecuentes resultan las relaciones entre diferentes poemas de la autora, con lo que se contribuye a crear una red de correspondencias textuales que aporta autonomía a su mundo poético.

Uno de los poemas de *De la llama en que arde*, el titulado "Rosas", está escrito originalmente en gallego, lo que resulta no tan insólito como a primera vista pudiera parecer, a pesar de la escasa vinculación personal de la autora con Galicia. De Alfonso X el Sabio a Federico García Lorca, han sido numerosos los poetas de lengua no gallega que han poetizado en gallego (el ejemplo acaso más cercano, por afinidad y amistad, es el de Pablo García Baena). El breve poema de María Victoria Atencia —que ella misma traduce— puede considerarse como un homenaje a Rosalía de Castro, aunque la poetisa no aparezca mencionada en el texto (sí en un poema de *Marta & María*) ni su poesía tenga aparentemente demasiado que ver con la de María Victoria. Las unifica una sensibilidad común, idéntica resignada melancolía. Felipe Benítez Reyes ha escrito al respecto: "María Victoria es de la estirpe de Bécquer y Rosalía de Castro; con ellos confluye en un mundo intemporal, frágil y elegíaco que se ilumina con la emoción de haber vivido; con ellos participa del matiz suave, del equilibrio como vía de distanciamiento; como ellos, practica un estoicismo aturdido, nunca indolente"[37].

Los temas de la poesía de María Victoria Atencia son aparentemente muy variados y este libro constituye una buena muestra de ello: abarcan desde lo que pudiera parecer más intrascendente —un frasco de mermelada inglesa, los practicantes de *jogging*, su gata persa— hasta las más graves reflexiones sobre el destino humano, sobre el amor y la muerte. Y es que en realidad lo que resulta muy variado son los pretextos de los que parten los poemas: un paisaje, un cuadro, el recuerdo de un amigo, cualquier trivial acontecimiento cotidiano. Pero toda esa disparidad viene unificada por una aguda percepción de la fragilidad y del misterio de la existencia.

"Campo de Villanueva" puede servir como ejemplo de la especial manera que María Victoria Atencia tiene de trascender el ocasional motivo de los versos, lo que hace que no importe mucho el pretexto de su poetizar: "Tendi-

---

37. Felipe Benítez Reyes, art. cit, p. 4.

do el largo suelo hasta dar en los montes, / zurcidos sus retazos —verde, cadmio, caldera—, / mansamente te mira, al cruzar, el paisaje. / Vuela un zorzal en busca del olivo cercano / con sobresalto apenas. Y después vuelve todo / a su durar inmóvil. Salvo tú, transitoria". El contraste que se establece en el verso final —acentuado por la prosopopeya que transforma al paisaje de observado en observador— otorga emoción y sentido a lo que podía haberse quedado en una mera anotación impresionista sobre un paisaje concreto.

Entre los nueve y los cuatro versos, en su mayoría alejandrinos, oscilan los poemas de *De la llama en que arde*. Emilio Miró ha subrayado cómo la "monotonía acechante" por la casi uniformidad métrica se esquiva debido a que "el alejandrino bimembre, con dos hemistiquios simétricos separados por la pausa central, coexiste con una amplia gama originada por las pausas, las cesuras, que pueden ser varias y en muy diferentes posiciones dentro de cada verso". A ello habría que añadir, "en la totalidad del poema, el importante juego sintáctico-rítmico del encabalgamiento" con lo que se consigue "armonizar la unidad y la variedad"[38].

Consciente de que con *De la llama en que arde* había llegado al límite de una manera de hacer, de que más allá, por el mismo camino, acechaba el riesgo de la reiteración, María Victoria Atencia inicia un cambio con *La pared contigua* (1989), su última obra hasta la fecha. Símbolo de ese intento de cambio es la renovación formal: no faltan los habituales poemas en alejandrinos, pero ahora son minoría ("Viento de poniente", "En memoria"); el verso libre, muy escasamente usado con anterioridad, predo-

---

38. Emilio Miró, "De la llama en que arde", en *Ínsula*, n.º 517, Madrid, enero 1990.

minará en el nuevo libro; los poemas, aunque siguen caracterizándose por su brevedad, alcanzan un mayor desarrollo.

Pero el mundo de María Victoria Atencia continúa siendo el mismo, como en todo poeta auténtico: nadie es capaz de saltar por encima de su propia sombra. Y su manera de hacer sigue resultando igual de exigente con el lector: se limita a trazar un elegante esbozo y deja a éste el trabajo de completarlo. No todos son capaces de ese esfuerzo y algunos lectores resbalan por la transparente superficie de sus versos. La complicidad del lector, siempre necesaria, lo es especialmente en una poesía hecha toda ella de alusiones y elisiones.

En el poema "Papel", que comienza con una bella referencia al proceso de fabricación artesana del papel, nos expresa la autora su poética: "Sobre la blanca superficie contiendo mi batalla, / mi agresión a los signos de los que alzo un recado / que en el papel silencia su confidencia apenas; el papel, / mi enemigo y mi cómplice, mi socio deseado, mi delator / herido sin piedad a lo largo del alma".

Otro poema, el titulado "Recuerdos", completa una poética en la que los versos son "confidencia apenas", un intento de desvelar el oculto sentido de las cosas: "En algún sitio suyo, personal y distante, / ocultan las imágenes su diario sentido hasta el que apenas llego, / y me acuso de usar cada vez, al decirme, / idénticos silencios rotos contra mi alma".

Recuerdos de viajes, de cuadros y esculturas, mínimas anécdotas cotidianas, descripciones de su familiar entorno malagueño, algún sueño contado con toda su misteriosa trivialidad —nada nuevo, como puede verse—, constituyen el pretexto para los poemas de La pared contigua. "Mi poesía —ha declarado la autora— parte siempre de un hecho biográfico o de un hecho cultural, pero acogido biográficamente y del que no se precisa otra referencia. Quiero decir que mi poesía parte siempre de una vivencia propia o asumida y con la que me identifico o a la que rechazo. Pero esa aceptación o esa repulsa, que en su redacción pueden anticiparse hasta el comienzo mismo del poema, carecen de valor. Porque lo que importa es el planteamiento, no su desenlace; no el grado de aceptación, de negación o de perplejidad ante el hecho vivido y asumido"[39].

Una presencia insistente en *La pared contigua* (y en toda la poesía de María Victoria Atencia) es la de la muerte, a la que se alude en el título (tomado del poema "Carta a Denise"): "Por eso ahora te escribo, Denise, mientras me queda tiempo, cada vez menos tiempo, / porque van a llamarme a través de esa pared contigua / y ya he cumplido de tu falta un año / y no sé cuántos días de condena".

Varios de los poemas de este último libro son epitafios motivados por la muerte súbita de amigos queridos. Abundan los epitafios en la obra de María Victoria Atencia. Su decir escueto se presta como ningún otro a resumir lo esencial de una vida en unas pocas palabras. No en vano el más citado de los poemas de su primera etapa lleva el título de "Epitafio para una muchacha".

La capacidad de María Victoria Atencia para convertir la cotidianidad en símbolo queda de manifiesto en poemas como "Estación en penumbra", donde el letrero que aparece en ciertas estaciones del metro parisino *(Au-de-*

---

39. Prólogo a *Poemas*, Oviedo, Biblioteca de Asturias, 1989, p. 4. Este breve prólogo constituye una de las escasísimas referencias de María Victoria Atencia sobre su poesía, si exceptuamos algunas entrevistas y las que se contienen en los propios poemas.

là de cette limite votre billet n'est plus valable!) adquiere un significado más trascendental "en la incierta estación en penumbra más allá de la cual mi billete no es válido".

No le teme la poetisa malagueña a la más tópica imaginería: ella sabe darle un nuevo sentido. "Viaje" nos habla del viaje de la vida, de ese tren (como en "Mujer con alcuza", el famoso poema de Dámaso Alonso) que no conduce nadie y que no lleva a ninguna parte. El final del breve poema (sólo siete versos) encierra una sorpresa: "Otra vez la estación y otra vez la campana. / Vuelve a arrancar la tarde y nos tizna su humo". El tiempo se ha convertido súbitamente en un viejo tren de carbón. La manida imagen adquiere una nueva plasticidad.

Final

Cada poeta verdadero enriquece el mundo, nos permite ver la realidad de todos los días con otros ojos, hable de lo que hable nunca deja de hablarnos de nosotros mismos.

La Málaga de María Victoria Atencia, tan distante del tópico, recreada y reflejada en el verso a lo largo de las diversas etapas de su vida, es ya una ciudad "fuera del mapa y del calendario"[40], un territorio mítico —sólo suyo y a la vez de todos— al igual que la Lisboa de Pessoa, la Alejandría de Cavafis o el París de Baudelaire. Y los múltiples objetos preciosos que la poetisa ha ido coleccionando con generosa avaricia a lo largo de los años —paisajes, ciudades, cuadros, perfumes, lecturas, instantes— nos serán ofrecidos en unos versos que tienen la tersura y la

---

40. La expresión, referida a la Sevilla de sus recuerdos, la emplea Antonio Machado en uno de los fragmentos de *Los complementarios* (en *Poesía y prosa*, t. III, Madrid, Espasa Calpe, 1989, p. 1.169).

serenidad de los clásicos junto a la trémula emoción de la modernidad.

En cada uno de los poemas de María Victoria Atencia, como en un caleidoscopio mágico, como en el Aleph borgiano, se contiene el universo, un plural universo que, sin dejar de ser el mismo, cambia con cada lector y con cada lectura.

Quien entre en este libro —en este laberinto de sílabas, de sueños, de silencios— no volverá a salir sin sentirse transformado, enriquecido, consciente de la precariedad del vivir humano, pero también de que la felicidad sigue siendo "hermosamente cierta". No volverá a salir sin sentirse acompañado para siempre por alguno de sus versos.

JOSÉ LUIS GARCÍA MARTÍN

Nota biográfica de
María Victoria Atencia

María Victoria Atencia nació en Málaga, ciudad en la que ha residido siempre, el año 1931. Realizó estudios generales en los Colegios de La Asunción y el Monte, continuándolos luego en el Conservatorio Profesional de Música de su ciudad natal.

El encuentro con Rafael León, doctor en Derecho y maestro impresor, con quien se casaría en 1957, fue decisivo para el descubrimiento de su vocación de poeta. De ese matrimonio nacieron cuatro hijos, a los que dedica *La pared contigua*, su más reciente libro: Rafael (1958), Victoria (1960), Álvaro (1963) y Eugenia (1965).

En 1954 se inicia como poeta con *Tierra mojada*, que nunca ha querido reeditar, y comienza su colaboración en la revista *Caracola*, de gran importancia para el desarrollo de su vocación literaria.

A partir de 1961, fecha en que publica sus dos primeras obras significativas, entra en un período de silencio que la lleva a no escribir ni publicar poesía durante largos años.

En 1971 obtiene el título de piloto de aviación, siendo la primera mujer malagueña que lo obtuvo. La muerte en accidente de un piloto de su Escuela de Vuelo le lleva a escribir un corto "Réquiem" (publicado en Granada en un volumen colectivo el año 1975). Ese poema —no recogido luego en ninguno de sus libros— supondría el comienzo de su regreso a la poesía. En pocos meses escribe a partir de entonces los poemas que integran *Marta & María* y *Los sueños*, publicados ambos en 1976.

Hasta 1984, en que aparece una amplia antología de su obra en una colección madrileña, su poesía no comienza a ser divulgada y apreciada fuera de los estrechos círculos especializados en que se había movido anteriormente. A partir de esa fecha su colaboración se hace habitual en la mayor parte de las revistas literarias, participa en numerosos congresos y lee su poesía en los más diversos lugares.

María Victoria Atencia ha viajado repetidas veces por Inglaterra, Francia, Italia, Suiza, Alemania, Suecia, Bélgica, Holanda, Estados Unidos, Marruecos, Portugal, dejando algunos de esos viajes huella perceptible en sus versos.

Aparte de la poesía, ha cultivado esporádicamente la pintura y el grabado. En 1983 expuso en la Diputación Provincial de Málaga una serie de grabados en blanco recogidos ese mismo año en el volumen *Improntas*.

Es miembro de las Reales Academias de Letras y Bellas Artes de Málaga, Cádiz, Sevilla, Córdoba y San Fernando. No ha concurrido nunca a premios literarios.

Ha sido traducida a casi todas las lenguas de cultura y ella misma ha cultivado con cierta asiduidad la traducción.

Para 1990 está prevista la aparición de *La señal*, recopilación en un volumen, prologado por Clara Janés, de la mayor parte de su obra.

Bibliografía

Bibliografía de María Victoria Atencia

1. POESÍA

Tierra mojada, Málaga, Imp. Dardo, 1953.

Cuatro sonetos, Málaga, Col. "Cuadernos de poesía", 1955; 2.ª ed., idem, 1956.

Arte y parte, Madrid, Col. "Adonais", 1961. Incluye los "Cuatro sonetos" y el poema "Epitafio para una muchacha", que dará origen a *Cañada de los ingleses* y será luego objeto de una edición independiente.

Cañada de los ingleses, Málaga, Col. "Cuadernos de María Cristina", 1961; 2.ª ed., Málaga, Col. "Halcón que se atreve", 1973.

Epitafio para una muchacha, Málaga, Ed. Angel Caffarena, 1964.

El ramo, Málaga, Imp. San Andrés, 1971.

Marta & María, Málaga, Imp. San Andrés, 1976; 2.ª ed., con prólogo de María Luisa Morales y epílogo de Guillermo Carnero, Madrid, Ed. "Caballo griego para la poesía", 1984.

Los sueños, Málaga, Imp. Dardo, 1976.

El mundo de M. V., Madrid, Ínsula, 1978.

Venezia Serenissima, Málaga, Col. "Nuevos cuadernos de poesía", 1978.

Paseo de la Farola, Málaga, Col. "Nuevos cuadernos de poesía", 1978.

Himnario, Málaga, Col. "Nuevos cuadernos de poesía", 1978.

Carta de amor en Belvedere, Málaga, Col. "Beatriz", 1979.

41

El coleccionista", Sevilla, Col. "Calle del Aire", 1979. Incluye "Venezia Serenissima" y "Carta de amor en Belvedere".

Compás binario. Málaga, Col. "Villa Jaraba", 1979.

Debida proporción, Málaga, Col. "Nuevos cuadernos de poesía", 1981.

Adviento, Málaga, Col. "Jarazmín", 1981.

Porcia, Málaga, Col. "Juan de Yepes", 1983.

Caprichos, Sevilla, Col. "Adelfos", 1983; 2.ª ed. Málaga, Col. "Papeles del alabrén", 1985.

Ex Libris, Madrid, Visor, 1984. Prólogo de Guillermo Carnero. Incluye los libros publicados desde "Marta & María" hasta "El coleccionista", junto a una selección de los títulos iniciales y algunos poemas posteriores.

Compás binario. Madrid, Hiperión, 1984. Incluye "Debida proporción", "Compás binario", "Porcia", "Adviento" y "Caprichos".

Paulina o el libro de las aguas, Madrid, Trieste, 1984.

Epitafio, Málaga, Col. "Papeles de Poesía", 1985.

Glorieta de Guillén, Málaga, Diputación Provincial, 1986. Prólogo de Rafael León. Antología de poemas relacionados con Málaga.

Trances de Nuestra Señora, Madrid, Hiperión, 1986. Prólogo de María Zambrano.

Música de Cámara, Avilés, Col. "Cuadernos de Cristal", 1986.

De la llama en que arde, Madrid, Visor, 1988.

La pared contigua, Madrid, Hiperión, 1989.

Poemas, Oviedo, Biblioteca de Asturias, 1989. Introducción de la autora y nota biobibliográfica de J. L. García Martín.

La señal, Málaga, Col. "Ciudad del Paraíso" (en prensa). Recopilación de sus poesías completas con prólogo de Clara Janés y nota bibliográfica de Rafael León.

2. TRADUCCIÓN

Margherita Guidacci, *La arena y el ángel*, Málaga, Col. "Cuadernos de Europa", 1964.

Rainer M. Rilke, *Nacimiento de Cristo*, Málaga, Col. "Cuadernos de Europa", 1964.

Evgueni Evtushenko, *El dios de las gallinas*, Málaga, El Guadalhorce, 1966.

Marco Valerio Marcial, *Epigramas*, Málaga, Col. "Cuadernos de Europa", 1969.

Rosalía de Castro, *En la tumba del general inglés Sir John Moore*, Málaga, 1981; reimpreso, junto con la versión del poema de Charles Wolfe "The burial of sir John Moore at Corunna", en *Actas do Congreso internacional de estudios sobre Rosalía de Castro e o seu tempo*, Universidad de Santiago de Compostela, 1986.

Josep Janès, *Soneto*, Málaga, Imp. Dardo, 1981.

Federico García Lorca, *Seis poemas gallegos*, Málaga, 1982; 2.ª ed., Madrid, El Conservatorio, 1986.

Claude Esteban, *Doce en el sol*, Málaga, Imp. Dardo, 1984.

Josep Janès, *El combate del sueño*, Madrid, Trieste, 1988.

Principales traducciones
de la obra poética de M. V. A.

1.

Vîlceaua Englezilor (Cañada de los Ingleses), Málaga, Gráficas San Andrés, 1970. Versión al rumano de Domnita Dumitrescu.

Capillas mediceas, Málaga, Col. "Torre de las Palomas", 1979. Traducción italiana de Margherita Guidacci.

Exílio, Lisboa, Assírio e Alvim, 1986. Versión al portugués por José Bento de una selección poética.

Os gestos usuais (Los gestos usuales), Lisboa, Assírio e Alvim, 1987. Antología poética traducida al portugués por José Bento.

Selected Poems, Frederickburg, Mainstay Press, 1987. Versión inglesa de Louis Bourne.

L'occhio di mercurio (El ojo de mercurio), Bari, Levante Editori, 1988. Una selección de poemas de *De la llama en que arde* en versión italiana de Emilio Coco.

Svenciausios Karalienés Ekstazés (Trances de Nuestra Señora), Madison-Málaga, 1989. Traducción al lituano de Biruté Ciplijauskaité.

2.

Maria Romano Colangeli, *Voci femminili della lirica spagnuola del '900*, Bologna, Ed. Pàtron, 1964.

BIBLIOGRAFÍA

Littératures espagnoles contemporaines, Ed. Université de Bruxelles, 1985. Trad. de Gérard de Cortanze.

José Bento, *Antologia da poesia espanhola contemporânea*, Lisboa, Assírio e Alvim, 1985.

Antohologie poétique, París, Noesis-Unesco, 1988. Trad. de Monique Caminade y Emilio Álvarez.

Bibliografía crítica (selección)

Alvar, Manuel: "Marta & María", en *Sur*, Málaga, 31-III-1985.

Benítez Reyes, Felipe: "De la poesía como un caleidoscopio detenido", en *Fin de Siglo*, n.° 0, Jerez de la Frontera, 1982.

— — "Los singulares rasgos líricos de María Victoria Atencia", *El País*, Madrid, 18-XI-1984.

Cano, José Luis: *Poesía española en tres tiempos*, Granada, Ed. Don Quijote, 1984.

Carnero, Guillermo: "Prólogo", en *Ex Libris*, Madrid, Visor, 1984.

Espada Sánchez, José: *Poetas del Sur*, Madrid, Espasa Calpe, 1989.

García Martín, José Luis: *La segunda generación poética de posguerra*, Badajoz, Diputación Provincial, 1986.

Gómez Yebra, Antonio A.: "María Victoria Atencia o la poética de la proporción", en *Analecta Malacitana*, vol. VIII, 2, Málaga, 1985, pp. 403-411.

— — "De Ronsard a María Victoria Atencia a través de Jorge Guillén", *VI Simposio de Literatura Comparada*, Granada, marzo, 1986.

Gutiérrez, José: "María Victoria Atencia, el don de la mirada", *Sur*, Málaga, 8-IX-1984.

Janés, Clara: "María Victoria Atencia o el triunfo de la belleza", en *Los Cuadernos del Norte*, n.° 16, Oviedo, noviembre-diciembre, 1982.

León, Rafael: "El mundo de María Victoria Atencia" (respuesta a un cuestionario), en *Jugar con fuego*, n.° 10, Avilés, 1980.

Linares, Abelardo: "La serenidad de la belleza", en *Fin de Siglo*, n.° 9-10, Jerez de la Frontera, 1985.

Ortiz, Fernando: *La estirpe de Bécquer*, Jerez de la Frontera, Fin de Siglo, 1982; 2.ª ed., Sevilla, Editoriales Andaluzas Unidas, 1985.

Miró, Emilio: "El mundo lírico de María Victoria Atencia", en *Ínsula*, n.° 462, Madrid, mayo 1985.

— — "De la llama en que arde", en *Ínsula*, n.° 517, Madrid, enero 1990.

Ruiz Noguera, Francisco: "Sobre la poesía de María Victoria Atencia", en *Anthropos*, n.° 97, Barcelona, junio l989.

Varios: *A "El coleccionista" de María Victoria Atencia*, Sevilla, Calle del Aire, 1980.

— — *Encuentros con el 50 (La voz poética de una generación)*, Oviedo, Fundación Municipal de Cultura, 1990.

Criterios de esta edición

Para la presente antología he seleccionado poemas de todos los libros y cuadernos publicados por María Victoria Atencia, con excepción del primerizo *Tierra mojada*, que la autora no considera representativo, y de sus traducciones o recreaciones poéticas.

Las diversas secciones de la antología se disponen en orden cronológico, abarcando desde *Arte y parte* (1961) hasta *La pared contigua* (1989), al contrario de lo que ocurre con las otras recopilaciones antológicas de la autora, donde sus dos títulos iniciales van al final del volumen bajo el título conjunto de *Primeros poemas*.

De cada libro se selecciona aproximadamente la mitad de los poemas, salvo de *Marta & María* (1976) y *El mundo de M. V.* (1978), que se incluyen íntegros por su especial significación.

El texto se corresponde con el de *La señal* (1990), que he podido conocer en pruebas por gentileza de la autora; las principales variantes sobre las ediciones anteriores, limitadas en gran parte a la corrección de erratas y a la regularización de la ortografía, se indican en nota.

Aparte de ello, en las notas ofrezco cuantas informaciones he creído necesarias para ayudar a los lectores a entender las referencias de los versos. Algunas pueden parecer prescindibles (y es posible que lo sean), pero he pensado que esta era una edición dirigida a un público amplio y que por ello ciertas informaciones enciclopédicas podrían contribuir a hacer más fácil la lectura. En cualquier caso, debe tenerse muy en cuenta el carácter subsidiario de esas anotaciones, que nunca deben obstaculizar el directo enfrentamiento del lector con cada poema.

Quiero, por último, hacer constar expresamente mi gratitud a María Victoria Atencia y a Rafael León por haberse brindado desde el primer momento a ofrecerme cuantos datos y material pudieran serme necesarios para la realización de este trabajo.

J.L.G.M.

ANTOLOGÍA POÉTICA

ARTE Y PARTE
(1961)

Rest, little Guest,
Beneath my breast.

Anna Wickham

SAZÓN*

Ya está todo en sazón. Me siento hecha,
me conozco mujer y clavo al suelo
profunda la raíz, y tiendo en vuelo
la rama cierta, en ti, de su cosecha.

¡Cómo crece la rama y qué derecha!   5
Todo es hoy en mi tronco un solo anhelo
de vivir y vivir: tender al cielo,
erguida en vertical, como la flecha

que se lanza a la nube. Tan erguida
que tu voz se ha aprendido la destreza
de abrirla sonriente y florecida.   10

Me remueve tu voz. Por ella siento
que la rama combada se endereza
y el fruto de mi voz se crece al viento.

* Primer soneto escrito por María Victoria Atencia. Con él inició su colaboración en la revista *Caracola* (n.º 17, marzo de 1954). Posteriormente, y al margen de sus traducciones, sólo cultivaría esta composición estrófica en otras tres ocasiones, todas ellas recogidas en *Arte y parte*.

VENDA

De un espeso tejido me rodea tu mundo
por todos los contornos.
Me abarcas como un pecho abierto a la ternura,
como una gran maroma que en surcos se me clava.

Has llegado a cubrirme, definitivo pájaro,   5
a decirme la vida a tu propia manera,
al modo más hermoso de vuelo sin tropiezo
abrazando a la nube.

Podrías no contarme por uno de los tuyos,
y sin embargo sueles apretarme la sangre   10
llenándome los ojos de un agua sin salida
descolgada en sus fuentes.

En sombra de tus pliegues se encarna la ternura,
tal una mano abierta que lo abarcara todo,
y olvida nomeolvides en lugares ocultos   15
de preciosos recuerdos.

Callada te delatas. Echada por mi frente
dejas correr el tiempo, como si fueras niña
que inaugurara sueños en la siesta más tenue
de un setiembre cualquiera.   20

A tientas yo te canto, erguida compañera
de la noche en lo oscuro, sintiéndome por labios,
por ojos y por dedos tu inundación callada
que de arriba desciende.

CALLE

Abríase la calle lentamente desierta,
encendiendo fachadas
y levantando flores por aleros y tejas.
Estaban de un subido color las buganvillas.
La luz inauguraba su rayo más hermoso.   5

Distinta parecías en la hora primera,
desprendida de todo,
viviendo a manos llenas del silencio y la calma,
privilegio tan sólo de ese instante indeciso.

Cruzando por aleros te embellecían pájaros,   10
diciéndote su hermoso improvisado vuelo,
cayendo desde arriba, haciendo mil diabluras
igual que colegiales los jueves por la tarde.

No te llenaban niñas de florecidos ojos
estrenando valientes canciones ya pasadas,   15
ni muchachos abriendo
la clave siempre nueva de su empezada vida.

De vez en cuando un hombre te cruzaba despacio,
ensimismado casi, deletreando problemas
de su vida en tus muros, llenándote de un aire   20
de gris melancolía.

Tu olor no era de asfalto como otras veces fuera:
era un aroma dulce
de campo descubierto
por donde se asomaba tu corazón de tierra.   25

MIRANDO HACIA ARRIBA

Escríbeme tu felicidad, sencilla, breve,
como aquellos zapatos tuyos de colegiala que se quedaron
   hincados en mí,
como aquellas confidencias de nuestro despertar en los
   pupitres,
como aquel "te quiero" de domingo en el cine, soñado
   durante la semana.
Igual, amiga, igual.   5
Mirando hacia arriba se fueron horas y horas;
cada encuentro, cada palabra, fue una nueva brecha a la
   vida.
Llenábamos un libro tembloroso con la felicidad del paso
   de los días.
Y así otoños y agostos con la sola ilusión de llegar.

Te llevé hasta el adiós más alto.   10
Después...
sólo quedó un regusto amargo de tu ausencia.
Desde aquella altura te me fuiste de la mano
igual que las muñecas de Reyes
y el rostro de adolescente reflejado en ventanas de   15
   pasillos interminables.
Llevabas las ilusiones sueltas, como velas encendidas
(las mismas que en mí se trenzan en armarios de secretas
   esperanzas).
Un brillo de nube que nos manda sus primeros frutos,
   eras;
y en alfombra de dicha presentida
descansabas ajena a todo,   20
como si no fueras pies y manos
y el sol, mañanas antes, no te hubiera llenado de sus
   luces.

Con tu sola vibración
que me llega a través de relojes y montañas, quedé…
Con el río de mis vasos parado a tu señal de vida,   25
en espera inacabada a tus palabras,
en callada oración hacia tu felicidad.
Sé que me han llamado tus voces en atardeceres nuevos,
y como un ángelus de niebla me ha sacudido tu recién
    nacida dicha.
Porque reúno en rosario   30
el paso de las horas con mis dedos, te reclamo
    secretamente.
Ven. Escríbeme tu felicidad.

PUEBLO

Se han perdido mis pasos al andarte en silencio
en mañanas de vida, mientras la luz abraza
al barro que florece y de la piedra triunfa
la tierra en arriates.

Te poblaban muchachas de incandescentes pómulos,   5
meciendo sus enaguas y su voz sobre el tiempo,
desgranando semillas, acariciando tréboles
distintos en sus manos.

Animales marchaban despertando a las cosas
con ojos recién llenos de luces y cosechas   10
y un prado verdeante les acuciaba el paso
por todas las esquinas.

Por tus calles pendientes, encaladas, estrechas,
descendían las aguas de tus fuentes fresquísimas
donde brazos y cubos se fundían al canto   15
y despertar del aire.

En cada puerta el cántaro destruía la espuma.
Y yo pensaba en vasos en manos de chiquillos
que dentro de tus tapias te llenaran de un eco
nuevo cada mañana.   20

Tu tierra no es la tierra cualquiera de otros campos:
tiene un fondo, un rocío, un no sé qué, un ángel,
descendido de arriba, donde habitan los pájaros
y la mañana empieza.

CAÑADA DE LOS INGLESES*
(1961)

* La Cañada de los Ingleses se abre en Málaga entre dos laderas, en una de las cuales se encuentra el Cementerio Inglés, un lugar que el crecimiento urbano ha incorporado ya al casco de la ciudad, y por cuya puerta debía pasar a diario María Victoria Atencia para dirigirse desde su casa, situada entonces en el Paseo de Sancha, hasta el centro de Málaga.

DESDE UN NIÑO*

Dentro estoy, encerrado en un cuerpo inseguro
a cuyo pequeñito continente me hago,
pues mi destino, ay, por ahora está unido
a una dimensión breve a que debo adaptarme.

A veces, sin embargo, asomado hacia afuera,　　　5
mejor entiendo el aire que este orden limita
y en el que, sujetándome a trechos en seguras
claridades que salen a mi encuentro, me apoyo.

Porque en el otro lado va todo hacia su sitio,
y quienes allí dicen en alto sus palabras　　　10
tienen sus caras hechas y sus gestos precisos,
y así, cuando los oigo, tiendo a ellos mis pasos.

---

* En la primera edición y en las sucesivas este poema, como el resto de los
que integran el libro, apareció con sus alejandrinos divididos por su cesura
"para justificar un mínimo de paginación" (entrevista inédita de María Victoria Atencia con Sharon K. Ugalde en Málaga, nov., 1988). En la antología
Glorieta de Guillén aparece por primera vez la disposición en alejandrinos.

EL AMOR

Cuando todo se aquieta en el silencio, vuelvo
al borde de la cuna en que mi niño duerme
con ojos tan cerrados que apenas si podría
entrar hasta su sueño la moneda de un ángel.

Dejados al abrigo de su ternura asoman   5
por la colcha en desorden, muy cerca de las manos,
los juguetes que tuvo junto a sí todo el día,
ensayando un afecto al que ya soy extraña.

Quien a mí estuvo unido como carne en mi carne,
un poco más se aparta cada instante que vive;   10
pero esa es mi tristeza y mi alegría a un tiempo,
porque se cierra el círculo y él camina al amor.

EPITAFIO PARA UNA MUCHACHA*

Porque te fue negado el tiempo de la dicha
tu corazón descansa tan ajeno a las rosas.
Tu sangre y carne fueron tu vestido más rico
y la tierra no supo lo firme de tu paso.

Aquí empieza tu siembra y acaba juntamente   5
—tal se entierra a un vencido al final del combate—,
donde el agua en noviembre calará tu ternura
y el ladrido de un perro tenga voz de presagio.

Quieta tu vida toda al tacto de la muerte,
que a las semillas puede y cercena los brotes,   10
te quedaste en capullo sin abrir, y ya nunca
sabrás el estallido floral de primavera.

---

* Este poema, que se publicó por primera vez en *Arte y parte* y que sería el
núcleo generador del libro siguiente, ha sido grabado en una piedra del
"British Cemetery".

MARTA & MARÍA
(1976)

Para Rafael

*Porque el discurso del fracaso,
la lucidez, la fantasmagoría,
son un arte de amar.*

Guillermo Carnero

I

1 DE DICIEMBRE

Marchaba por su curso el Adviento y se estaban
quedando los jardines a merced del poniente.
Algunos animales prosiguieron en celo.
Escurrían los peces su plata en las orillas.
Derramaban serrín las muñecas de trapo   5
y sintieron las tejas verdecer sus aleros.

La tristeza en los barcos no aumentó con la lluvia
ni lloraron los sauces más de lo conveniente.
Encontró el recental las ubres deseadas.
Ajenos, los amantes continuaron su sueño.   10
Y aunque un frío finísimo paralizó mi sangre,
estuvo a punto el té, como todos los días.

---

1 *el Adviento*: El Adviento señala el comienzo del año litúrgico; abarca las
cuatro semanas que preceden a la Navidad (y antiguamente el mismo día de
Navidad). Siempre ha tenido un valor penitencial de preparación para el
nacimiento de Cristo.

ENTRE LOS QUE SE FUERON*

Entre los que se fueron, por estas avenidas
voy más llena que nunca. Roza la primavera
mi piel como un anuncio de lo que se avecine.
Mármoles y naranjos, el rumor de una abeja
y un silencio tan sólo comparable al momento   5
en que van a cruzarse dos predestinaciones.

Narcisos dejaré más allá de esta hora
y que toquen sus pétalos nombres entrelazados.
Fuera de este recinto está el vacío sobre
la ciudad anhelante a cuya luz me encuentro   10
con el significado preciso de la vida
como un libro que abriese de par en par sus verjas.

---

* El motivo del poema es la visita a un cementerio (quizás el de San Miguel,
en Málaga, donde están enterrados los padres de la autora).

PUERTO LLOVIDO*

Bello y triste a la vez este puerto llovido
que la montaña enmarca y perfilan los barcos.
Todo es melancolía.
        Bandejas de pañete
olvidan corazones y cruces de cristal   5
de roca para el cuello de alguna enamorada.

Desluce en los cristales de una boutique vacía
el aire de los mástiles, y los galgos afganos
declinan su belleza. Balancean los yates
historias ocultadas a los lentos peatones.   10
Todo tiene el misterio de una luz imprevista.
Parece que le hubiésemos dado la vuelta al mapa.

* En la primera edición el poema se titulaba "Puerto Banús", concretando
la referencia al puerto de Marbella.

CUANTO ESCONDIÓ EL OLVIDO

Me asusta ver que pueda, en un lugar distinto,
encontrar un propósito de bienestar diario.
Señales de intención me dan manos y gestos
y ante ellos palidezco sin remedio posible.
Y cuando me desnudo, apagadas las luces,   5
tiemblo a veces sin son, y otras porque comprendo.

Pues preciso es que vuelva al seno de la noche
para encontrar en ella cuanto escondió el olvido.
Instante por instante he de sorber las horas
de un despiadado sol que en mi garganta muerde.   10
El pabellón oscuro me invita con su asilo.
Sólo en él no recojo los panes de otras mesas.

10   En el poema "Chiesa", de *Paulina o el libro de las aguas*, leemos: "las
luces del Ticiano me hieren la garganta".

ANIVERSARIO

Marantas leuconeuras, amarilis, cantuesos,
matagallos y cardos, espigas y mimosas,
acompañan la hora precisa del retorno.
Mansamente la tarde se va de la ventana
a cuya vera aguardan los quinqués en silencio,   5
deshilachando el iris del sol en el poniente.

Celebrar el recuerdo de una fecha dispone
el ánimo de forma extrañamente atenta.
Umbrías y solanas, alamedas y brezos,
cierran a abril sus puertas para que tú retornes.   10
La humedad en mis ojos y el calor en mi tacto
preparan el más fértil mantillo que soñases.

MAR

Bajo mi cama estáis, conchas, algas, arenas:
comienza vuestro frío donde acaban mis sábanas.
Rozaría una jábega con descolgar los brazos
y su red tendería al palo de mesana
de este lecho flotante entre ataúd y tina.   5
Cuando cierro los ojos, se me cubren de escamas.

Cuando cierro los ojos, el viento del Estrecho
pone olor de Guinea en la ropa mojada,
pone sal en un cesto de flores y racimos
de uvas verdes y negras encima de mi almohada,   10
pone henchido el insomnio, y en un larguero entonces
me siento con mi sueño a ver pasar el agua.

---

3 *jábega*: Embarcación de pesca (algo menor que el jabeque, dice el
DRAE) característicamente malagueña.
5 *tina*: En Málaga, como en Hispanoamérica, equivale a "bañera".

SAN JUAN

Junio, jacarandá azul que ya me dejas,
llévame de la mano al fuego del solsticio
con candelas que salte mientras se extiende el trébol
y me persuade un mar que belleza asegura.
Inciertas margaritas mullen el campo a golpes   5
y el fruto de la higuera estalla en leche y miel.

La vida me recorre, hoy, ayer y mañana,
con rapidez sin tregua y no suspenso giro.
El tiempo, el tiempo siempre: el tiempo, el tiempo,
   el tiempo:
saltaré mientras dure la comba de las horas.   10
Mi salteador, el tiempo. ¡Oh, sujetadme a un tronco,
sujetad este pie, sujetad esta noche!

3 *candelas*: Las hogueras que se saltan la noche de San Juan.
5 *golpes*: Pequeñas porciones de terreno cubiertas de determinada planta.
6 *el fruto de la higuera*: Es creencia tradicional que las brevas maduran la
noche de San Juan.

73

AHORA QUE AMANECE*

A veces por la noche vuelvo, niña, a tu lado
y hacia las cuatro cruzo por un camino tuyo.
¿Mi amistad precisaba más tiempo compartido
o tuvimos las dos algo en común más serio
que mi vida y tu muerte: un sueño de muñecas   5
de trapo y volaeras de color arropía?

Nombrarte es poseerte, y yo digo tu nombre
de un candor repetido, y esta noche a las cuatro
el nombre contradice tu morenez resuelta.
Como la última vez que en la playa estuvimos,   10
nos sentaremos contra la barca repintada
para ver el mar juntas, ahora que amanece.

* Poema dedicado a la hija de Bernabé Fernández-Canivell, muerta prematuramente, lo mismo que "Blanca niña, muerta, habla con su padre" (incluido en la sección segunda del libro) y "Casa de Blanca" (incluido en la sección tercera). Con idéntico motivo han escrito hermosas elegías Pablo García Baena ("Rogativa por la serenidad", en *Antes que el tiempo acabe*) y Jorge Guillén ("Blancanieves", en *Final*).

6 *volaeras*: Forma popular de "voladeras" (los molinillos de papel). Resulta relativamente frecuente el uso de expresiones populares en la obra de María Victoria Atencia: "recacha" (en "Quintana", de *Los sueños*), los "hollados" (en "La Cónsula", de *El mundo de M. V.*), "soledá" (en "Retiro de Fray Alonso", del mismo libro), "fario" (en "Manolito Osorio", de *Compás binario*),"de layo" (en "Daralhorra", de *De la llama en que arde*), "banduenda" (en "Baldío", de *La pared contigua*).

8 *de un candor repetido*: alusión al nombre de la destinataria, Blancanieves.

74

DÍA DE LA IRA*

¡Amor para la duda y también para el llanto,
deja que el ángel venga y me arrastre a su encuentro!
Ya tienda su mirada en la cúpula noble
o bajo el ala esconda la hermosura del rostro,
su daga de alabastro ha de hundirme en el vientre   5
y todas las paredes sellará con mi sangre.

El roto corazón se encarcela en las rejas:
sobre la noche el pánico acobarda el sentido.
¿Quién llevará a la sombra tanto horror, tanto duelo?
¿Quién devolverá al polvo, al fin, tanta locura?   10
¿Quién desmembrará un cuerpo que el amor incendiara
si ya no existe nada sino el rostro del ángel?

* Día de la ira: Alusión al himno litúrgico "Dies irae".
2 *el ángel*: "Todo ángel es terrible", había escrito Rilke en la primera de
sus *Elegías Duinesas*. En el deslumbramiento que a María Victoria Atencia
le produjo la poesía de Rilke se encuentra, según declaración propia, uno de
los motivos de su prolongada etapa de silencio (le parecía imposible alcan-
zar una altura semejante).

HEREDARÁN LOS CAMPOS

Ahora que quiero hablar, dame todas las fuerzas
de las que he carecido. Pues se te fue la mano
en amor y dulzura, y así no me es posible
despojarme de un miembro en un momento dado.
Podré cortar con fuerza, construir, destruir   5
de nuevo si es preciso, sacar el alma a flote.

¿A quién he de temer si la razón me asiste?
Mas ser el centro y eje donde todos se apoyan
hace que el cantearme me resulte más duro.
Los que nada poseen heredarán los campos   10
y serán levantados sobre viento y marea.

II

SAUDADE*

La ventana da a un mar gris plata, con su jábega,
y hay en el cuarto música de Haendel y Corelli.
Repaso tu tristeza, amiga Rosalía.
Si pudieras cederme tu correlato justo
de saudade, alcanzara a dejar este peso   5
y a subir poco a poco por tus altas ternuras.

¡Qué reseco este sur y qué húmeda tu tierra!
En Padrón me dirás el nombre de las flores.
Confrontaremos épocas, repasaremos cartas,
tu bargueño abriré más que exhaustivamente.   10
Déjame que me vea reflejada en tu espejo
y no falte a mi canto la palabra precisa.

---

* Expresión portuguesa que significa nostalgia, añoranza.
2 *Haendel*: Friederik Haendel (1685-1759). Compositor alemán famoso
especialmente por sus oratorios. Entre sus obras destacan la serie de veinti-
cinco piezas conocidas actualmente con el nombre de *Water Music* y el cele-
bérrimo *Mesías* (1742).
   Corelli: Arcangelo Corelli (1653-1713). Compositor y violinista italiano,
muy admirado por Haendel y Scarlatti. Se le considera fundador de la música de cámara. Entre sus obras se encuentran *Suonate da camera a tre* (1694)
y *Concerti grossi* (1714).
3 *Rosalía*: Rosalía Castro, más conocida como Rosalía de Castro (1837-
1885), iniciadora del resurgimiento de la poesía gallega con su obra *Cantares
gallegos* (1863). Otros libros suyos de poemas son *Folhas novas* (1880) y *En
las orillas del Sar* (1884). Es autora además de diversas narraciones.
8 *Padrón*: En Padrón, provincia de La Coruña, se encuentra la casa, hoy
convertida en museo, en que vivió y murió Rosalía.
12 *la palabra precisa*: En el poema "De ayer para hoy", de *Entre el clavel y la
espada*, escribió Rafael Alberti: "Después de este desorden impuesto, de esta
prisa, / de esta urgente gramática necesaria en que vivo, / vuelva a mí toda
virgen la palabra precisa, / virgen el verbo exacto con el justo adjetivo".

BLANCA NIÑA, MUERTA, HABLA CON SU PADRE

Aparta el ave umbría que se posó en tus ojos
para quebrar por siempre su vuelo en tu mirada.
¿Era razón de vida que yo me anticipase?
Tanto amor tengo tuyo que no te estoy ausente
pues mi sangre retorna nuevamente a la tuya   5
y aguardo desde el polvo, floralmente, tu mano.

Me fue puesta esta casa más allá del estiércol:
No podrá contra ella el terral que propaga
a la dama de noche, ni el viento del poniente.
Mi jardinero y padre, siempre aquí es primavera: 10
tu majestad prosigue sobre las rosas rojas;
sonríe, pues que vives sólo para lo bello.

---

1 *el ave umbría*: La tristeza o pesadumbre.
8 *el terral*: Viento característico de Málaga, que sopla desde tierra (y de
ahí el nombre) y que suele resultar abrasador.

DEJADME

Dejadme como cuando nací desnuda y sola,
vacía de palabras, sólo aire en el pecho,
y en mis venas corrían los cursos de un arroyo.
Que vuelvan a su origen los gestos usuales
y que al abrir mis ojos sólo penetre en ellos   5
un punto de luz pura.
Que por la enredadera de las horas se pierdan
mi memoria y mi nombre. Que el tacto de las rosas
me abandone en la tarde, y en la humedad del alba
retorne nuevamente al olor de las juncias.   10

Dejad que sin zapatos siga andando y regrese
de muy lejos al pecho caliente de mi madre.

MUÑECAS

Tenéis un renovado oficio cada noche,
muñecas que pasasteis un día por mis manos.
Como un vaso de fresca naranjada reciente
llegáis hasta el embozo de mi fiebre con vuestros
tirabuzones lacios de estropajo teñido   5
y ojos de aguas azules.

Casi humanas y mías, mi juego de otro tiempo,
soy vuestro juego ahora, casi vuestra y humana.
Esto quiere la vida: más vida poseída
vivida, incorporada.   10
Entregada a vosotras, pudierais trasladarme
para siempre a los años del cine de la Shirley.

---

12   *Shirley*: Shirley Temple, actriz cinematográfica norteamericana nacida
en 1928. Fue la niña prodigio del cine de los años treinta. Entre sus películas
figuran *Ojos cariñosos* (1934) y *La pequeña coronela* (1935), de Ch. La-
mont, *Rebeca, la de la granja del sol* (1938), de W. Lang y *Fort Apache*
(1948), de J. Ford.

MUJERES DE LA CASA

Si alguna vez pudieseis volver hasta encontrarme
(bordados trajes, blancas tiras, encañonados
filos para el paseo, palomas de maíz,
28 de noviembre, calle del Ángel, 1),
mujeres de la casa,   5
cómo os recibiría, ahora que os comprendo.

Quebraba vuestro sueño con sobresalto súbito,
y espantabais mi miedo deslizando las manos
por mis trenzas tirantes, me limpiabais los mocos
y endulzabais mi siesta con miel de Frigiliana.   10
Dejadme ir a vosotras, que quiero, blandamente,
patear como entonces vuestro animal regazo.

---

4   *calle del Ángel, 1*: En la primera edición de *Marta & María* "calle del
Ángel, 2", como referencia a la casa de sus abuelos, tan frecuentada por
María Victoria Atencia en su niñez. Al tomarse por su casa natal, la autora
se decidió a señalar el número de ésta en las sucesivas reimpresiones.
10   *Frigiliana*: Pueblo de la provincia de Málaga, no muy distante de Nerja,
donde aún funciona la última fábrica de Europa de "miel de caña" (cañadul-
ce, cañaduz, cañadú) o "miel negra".

EL LECHO

Hace caer el ánimo el final de la noche,
su abierto ojo oscuro con pupila de acero.
Llega por las rendijas un primer testimonio
de cuanto quedó afuera. Esperarse no puede
que la sonrisa torne, pues que la pena vive   5
en este cuarto sólo de dolor y de llanto.

Sobre su centro gira el lecho endurecido,
y recojo su carga pues no debe encontrarme
su luz desprevenida y buscando en un hueco
que mis manos se saben de recorrer ansiosas.   10
Ha de mecer su hálito mi pecho nuevamente
para llevar a cabo el cotidiano empeño.

JARDINERO MAYOR

Tantas veces el sueño me sorprendió en la tierra
que ni el más fiel amante gustó de la delicia
de esta cama en que duermo de hojarasca y mantillo.
¿La luz de las caléndulas incendiará el otoño?
Si en sólo una semilla está el poder de un bosque,   5
la tierra llegó a darme su profundo secreto.

Injertaba, sembraba, trasplantaba, ponía
esquejes, sabiamente usé de mi navaja.
Cuando tiene el jardín una alberca y esmero,
satisfecho está el amo. Acostado en su tierra,   10
bajo del algarrobo, me encontraron un día
a ella abrazado como quien engendrara un hijo.

LA MALETA

Bajo la cama tengo otra vez la maleta
pero no con la ropa en espera de un hijo.
Esta vez voy poniendo aquello que carece
de consistencia y forma, y es moneda no obstante.
¡Qué otras cosas habrían de servirme llegada,   5
de improviso, la hora!

Ediciones preciosas de San Juan de la Cruz,
rosas de Alejandría, los Cuadernos de Malte…
Mas no podré pasarlos: se va allí de vacío
si, por añadidura, no se nos ofreciera   10
otra riqueza contra la que no prevalece
el paso de los tiempos.

8   *los Cuadernos de Malte*: Alusión a la obra de Rilke *Die Aufzeichnungen des Malte Laurids Brigge*, titulada en la versión castellana de Francisco Ayala *Los apuntes de Malte Laurids Brigge* (Madrid, Alianza, 1981).

EXPOLIO

Urgía construir, pues no fuera posible
dejar sin el cobijo necesario ilusiones
con tal fe elaboradas. Creciéronle los muros
con la suave premura del cemento y la rosa.
Daba gloria mirar la obra concluida,   5
la asegurada paz de creer en lo cierto.

Pero sólo dejaron vitrinas y fanales
y el armario en que guardo mi más querida ropa:
el traje que llevaba el cumpleaños último
y que no adornará como antes mi cuerpo.   10
También a arrebatármelo volverán en la sombra.
(Es tiempo de aprender a morir poco a poco.)

CON LA MESA DISPUESTA

Y un solo trago, la muerte.

Con la mesa dispuesta, con los sitios precisos
ya que no te esperábamos, me llegas de repente
sin que puedas por eso hallarme desaviada:
donde comemos seis, bien pueden comer siete,
y el pan compartiremos y la sal de las horas   5
sobre nuestras cabezas.

Porque tengo hecho el ánimo y no ha de notar nadie
ningún cambio en mi rostro. Las risas de los niños
seguirán sobre el blanco mantel de los bordados
aunque sienta en acecho, mientras sirvo, tus ojos.   10
Tragar ya me es difícil. La garganta está helada.
Marcharé sin protesta allí donde me lleves.

La cita inicial es de Miguel Hernández. Luis Cernuda escribió "De un solo
largo trago consumiste / La muerte tuya" ("Niño muerto", en *La realidad y
el deseo*, México, Fondo de Cultura Económica, 1964, pág 147).

DAR Y PEDIR

Cómo los seres vivos a su debido tiempo
dar o pedir podemos lo que nos pertenece
y aquello que por norma nos estuvo vedado.
Usual, la propuesta tiene tantos matices
como es varia la madre naturaleza en dádivas: 5
el poder, la pasión, el fervor, la belleza.

De nada va a servirnos vivir las estaciones:
hacia diciembre vamos con el frío en los huesos
aunque elegir podamos —en tan varios instantes
de la noche o el día— infierno o paraíso. 10
De escoger somos libres en este estado absurdo,
pero sólo el perfil que más nos favorezca.

A ESTA ALTURA DE VIDA

Después que se ha llegado a un equilibrio justo,
según parece a todos, ¿dónde tiene este estado
algo a que yo me acoja? Pues su peso y medida
dificultad entraña, aunque el juego es humano.
Tremendamente arcaica, esta hechura que llevo 5
está fuera de uso y carece de estima.

Sin embargo el recuerdo de otras glorias se exhibe
en cuidados museos, y un estandarte antiguo
puede llenar de gloria a la ciudad más pobre.
El sello de la abuela hace rica una mano. 10
A esta altura de vida no es justo y conveniente
echarse a los caminos a pecho descubierto.

III

LA MONEDA

En ese instante mismo en que tu limpia sangre
se sabe acorralada y te sube en marea
tenazmente a la boca y en la entraña te surge
un pozo de arrebato y eres un ave herida
con un lejano nido y sin poder de vuelo,   5
y en tus muros salpican quebranto y amargura,

es cuando tú debieras acercarte hasta el arca
de recuerdos guardados por tiempos y estaciones,
que te adornes el pelo con blancos edelweiss,
que te sirvan de gloria sus cartas iniciales   10
y cobres la moneda que un día te entregara:
como tu vida misma, tiene anverso y reverso.

OFELIA*

Recorreré los bosques, escucharé el reclamo
en celo de la alondra, me llegaré a los ríos
y escogeré las piedras que blanquean sus cauces.
Al pie de la araucaria
descansaré un momento y encontraré en su tronco   5
un apoyo más suave que todas las razones.

Prendida de sus ramas dejaré una corona
y el agua por mil veces repetirá su imagen.
Adornará mi pelo la flor del rododendro,
inventaré canciones distintas de las mías   10
y cubriré mi cuerpo de lirios y amarilis
por si el frescor imprime templanza a mi locura.

* Personaje de *Hamlet*, la más conocida obra de W. Shakespeare, que se ha
convertido en uno de los símbolos de la amante desdeñada.

CASA DE BLANCA

No llamaré a tus puertas, aldaba de noviembre:
el árbol de las venas bajo mi piel se pudre
y una astilla de palo el corazón me horada.
Porque tú no estás, Blanca, tu costurero antiguo
se olvida de los tules, y el Niño de Pasión   5
va llenando de llanto el cristal de La Granja.

Tiene el regazo frío tu silla de caoba,
tiene el mármol tu quieta dulzura persistida
y bajo tu mirada una paloma tiembla.
Perdidamente humana pude sentirme un día,   10
pero un mundo de sombras desvaídas me llama
y a un sueño interminable tu cama me convoca.

---

3   Este verso puede ponerse en relación con el mito de Drácula, presente
también en "El Conde D.", de *Los sueños*.
4   *el Niño de Pasión*: Imagen de Cristo, niño y lloroso, que sostiene los
emblemas de la pasión; se trata de la versión cristiana de un motivo estatua-
rio clásico muy repetido: un niño que llora por haberse clavado una espina
en el pie.
6   *el cristal de La Granja*: Un recipiente de cristal procedente de la Real
Fábrica de la Granja.

QUÉ HACER SI DE REPENTE

Qué hacer si de repente descubres que te habita
abarcándote toda alguien que te es extraño
y confunde tu lengua con un verbo distinto.
De un lado para otro, en el día te busca
arrastrando una lámpara, y en la noche se siente   5
con los ojos cegados por un sol de injusticia.

No otra cosa podrías que echarte en el tumulto,
gritar bajo las olas, sacudir con bambúes
la raíz de tu cuerpo,
desear la mandrágora,   10
proclamar tu secano el resto de la vida
y dormir para siempre en la isla de Wight.

10 *la mandrágora*: En la versión inglesa de este poema (María Victoria
Atencia, *Selected Poems*, translated by Louis Bourne, Mainstay Press, 1987)
se lee "henbane" (beleño) en lugar de la expresión correspondiente a "mandrágora"; el cambio se llevó a cabo por indicación de la autora que luego no
se decidió a aceptarlo en la versión española.
12 *la isla de Whight*: Isla inglesa situada en el Canal de la Mancha; su
capital es Newport. Se hizo famosa en los sesenta por sus festivales de música juvenil y contracultura.

EL DURO PAN

El insomnio beberme hasta la última gota.
Huir campo a traviesa, de par en par los brazos.
Conocer de qué angustia me llegan mis poemas.
Desgajarme el vestido con dolor y sin lágrimas.
Morder el duro pan del egoísmo ajeno.   5
Ahogarme en el tumulto que por dentro me invade.
Salirme del teatro que a diario me ofrecen.
Prenderme el desamor con un collar de escarcha.
Clavar en mi acerico oxidadas agujas.
Hacer trizas las horas que en las sienes me pesan.   10
Hundirme poco a poco con este peso impuesto.

Aguardar el momento en que la hiel reviente.

LA GALLINA CIEGA

Dejada en este mundo, tanteo sus contornos
sin pañuelo que ciegue mi vista, tal el juego
que aprendí cuando niña. Torpe, palpo palabras
y reconstruyo gestos en busca de un estímulo
que me mantenga viva,   5
desde que sale el sol hasta puesto en su ocaso.

Pido luz sin saber que no me es necesaria
pues sus rayos no llegan donde la sombra habita.
Pido pan y me encuentro piedras para mi boca.
De una esquina a la otra de este cuerpo me invade   10
la amargura con tibia viscosidad creciente.
Si un valle me encontrara, alzara allí la tienda.

91

SI LA BELLEZA

Si la belleza debe ceder en su frescura
no dejes que se extinga en mí su poderío,
pues si di preferencia a otros dones, no tuve
en menosprecio el alto valor de tus obsequios:
la posible hermosura de que tú me colmaste   5
o que así parecía a quien más que a mí quise,
porque me concediste gozar crecidamente
de apasionado amor, con exceso llenando
el jarro que dispuesto llevé para la cita.

Resquebrajado el barro, sin lañas ni remiendos,   10
déjame una prestancia que demore a la muerte.

EL VIAJE

Ésta ha sido mi casa, mas no me reconoce
cuanto en ella guardé. El tiempo cambia el gesto,
la luz y los encuadres de las cosas más propias.
Debió darme el viaje apariencia distinta,
por eso no hubo júbilo en lo que atesoraba: 5
el ala de un gran pájaro los cuartos ensombrece.

Entornaré los ojos, me acercaré despacio
y palparé uno a uno los lomos de mis libros.
Me llegaré a los bronces por si al tocarlos tienen
la medida del frío que requiere su vida.   10
Esta querencia mía encauzarla quisiera
para ver si con ella renace su ternura.

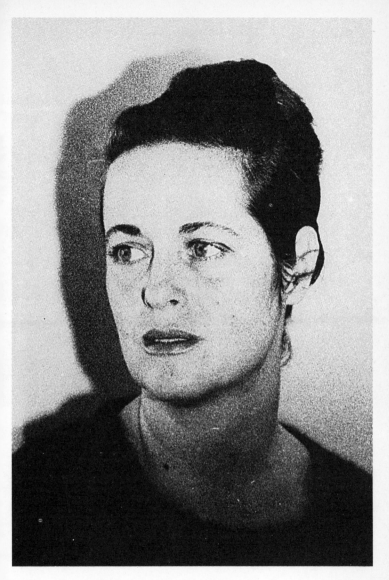

María Victoria Atencia.

Con don Dámaso Alonso, director de la Real Academia.

TESTIMONIO

Sentirme a medio hacer, envuelta en este tráfago
y no acabado oficio, sin que pueda llevarme
al costado otra cosa que los divinos rayos
del sol echada sola sobre la arena húmeda,
paréceme muy poco después de tanta sangre   5
entregada a la casa, después de tantas horas
y cállate, amor mío, que pudieran oírnos.

Esta cuenta es distinta. Llegaremos a cero
y, sobre esta carencia, plenitud será vida.
Si esto de que doy fe a día 3 de mayo   10
no es cuanto me sostiene, venga Dios y me valga.

MARTA Y MARÍA*

Una cosa, amor mío, me será imprescindible
para estar reclinada a tu vera en el suelo:
que mis ojos te miren y tu gracia me llene;
que tu mirada colme mi pecho de ternura
y enajenada toda no encuentre otro motivo   5
de muerte que tu ausencia.

Mas qué será de mí cuando tú te me vayas.
De poco o nada sirven, fuera de tus razones,
la casa y sus quehaceres, la cocina y el huerto.
Eres todo mi ocio: 10
qué importa que mi hermana o los demás murmuren,
si en mi defensa sales, ya que sólo amor cuenta.

---

* En la primera edición y en las sucesivas "Marta & María", como en el
título del libro. El signo & ("et" originariamente) se usa en los países de
habla inglesa para indicar a los asociados en una empresa. Aquí alude a la
complementariedad de las dos hermanas evangélicas o a la de la vida prácti-
ca y la vida contemplativa. "María, sentada a los pies del Señor, escuchaba
su palabra. Pero Marta andaba muy afanada con los muchos quehaceres del
servicio" (Lc, 10, 39).

LOS SUEÑOS
(1976)

Para Bernabé Fernández-Canivell

Sono un grumo di sogni

Ungaretti

CORONEL SHAW*

El mar llega a la puerta, alcanza los umbrales,
asciende silencioso la escalera, se adentra
por las habitaciones y se pierde a los lejos.
El paseo da al mar, y yo estoy despidiéndome.
(Sin duda, con más fuerza lo abrazo a él, pues cada   5
verano se desvela, por los niños, en Salisbury.)
Vuelvo aún la cabeza para decir adiós.
Cruzo la acera. Ando. Y el mar llega de nuevo
hasta la puerta, asciende otra vez los peldaños,
inunda los pasillos y en los cuartos se pierde   10
hacia dentro con mansa ternura cotidiana
de perro fidelísimo que nos guardase a todos.

(9.10.75)

* A propósito de este poema ha escrito María Victoria Atencia: "Mis hijos,
todos ellos (y yo misma, aunque muy brevemente) han pasado algún tiempo
en un pueblecito próximo a Salisbury (la medida del verso exige su pronun-
ciación en inglés), en casa del encantador coronel Shaw, retirado del ejército colonial. El coronel era el "master" en la caza del zorro y un increíble
jinete a pesar de sus años (en "El seto", de *Compás binario*, volveré a refe-
rirme a él). No sé por qué, en mi sueño, el agua se adentraba en la casa
como un perro custodio de todos nosotros" (Carta de fecha 26-VI-89 al
autor de esta edición).

97

VILLA JARABA*

La casa grande, bella, sin concluir, colgada
en el sueño, y las nubes entrando con el aire
por los vanos sin hojas de ventanas y puertas,
velando parcialmente, felices, los pasillos
y el hueco de escalera. Los ranúnculos (sólo   5
los he visto en los libros de botánica) cubren,
ocultándolo, el suelo, y columnas de mármol
sostienen arquerías o se derraman rotas
por un patio interior que los acantos tupen.
La mano desmedida mi recelo sosiega   10
invitándome a entrar, y una lata mohosa
—no sé quién la sostiene— va recogiendo el agua.

(27.10.75)

---

* Casa de Bernabé Fernández-Canivell "cuya ruina se anticipó a la propia
terminación de la obra", según señala Rafael León en el prólogo a *Glorieta
de Guillén*.
3 *vanos*: Primera edición, "huecos"; la razón del cambio fue evitar la repe-
tición de la palabra al hablarse en el v.5 de "el hueco de la escalera".

QUINTANA*

El carril de los plátanos orientales mantiene
vedado en su comienzo el paso hasta la frondas
de un jardín que —lo sé— contemplo desmedido.
Parecen las corolas grandes tazas de fuentes
con pétalos de cuarzo, de feldespato y mica,   5
que volando custodian pájaros de ojos ciegos.
En la recacha oculta por los bambúes, sobre
la dorada hojarasca me retiene las manos,
caemos lentamente de rodillas y unimos
nuestros pies, nuestros ojos, nuestro tacto y aliento,   10
mientras sobre las rosas de piedra continúa
el vuelo deslumbrante de los pájaros ciegos.

(18.11.75)

---

* Es el nombre de una hacienda en las inmediaciones de Málaga, frente a la
que vivió María Victoria Atencia durante la guerra y la inmediata posguerra.
7 *recacha*: Lugar natural resguardado del aire y de la lluvia (voz no recogi-
da por el DRAE).

MARÍA VICTORIA ATENCIA

EL CONDE D.*

Cada noche te espero desde antes de acostarme,
y cuando sobrevienes, agregada presencia
a mi quehacer, pareja de topacios que rompe
contra la piedra azul serena de los míos,
dócilmente interrumpo mi sueño y, pues prefieres   5
las sombras, me levanto y cierro las cortinas.
Ya puedes reclinar tu cabeza en mis hombros
y aposentar tus dientes con su sed en mi aorta,
boá de Transilvania que me cercase el cuello.
El mosto de la muerte con su empacho te alienta.   10
Me voy quedando fría en tanto que amanece
y sorbes acremente mi paz a borbotones.

(10.10.76)

* Alude al Conde Drácula y es un residuo de las pesadillas del cine visto en
la niñez. (En "Casa de Blanca", de *Marta & María*, se lee el verso "y una
astilla de palo el corazón me horada" que tiene el mismo origen).

EL MUNDO DE M. V.
(1978)

Para mis padres,
en cada día de mi tiempo.

Tiempo para tejer, tiempo para destejer

EL MUNDO DE M. V.*

Si mi mano acaricia la cretona de pájaros
inglesa y he encendido el quinqué y hay un lirio
en la opalina y huele a madera la casa,
puedo llegarme al verde y al azul de los bosques
de Aubusson y sentarme al borde de un estanque   5
cuyas aguas retiene el tapiz en sus hilos.

Me asomo a las umbrías de cuanto en esta hora
dispongo y pueda darme su reposo: también
este mundo es el mío: entreabro la puerta
de su ficción y dejo que sobre este añadido   10
vegetal de mi casa, por donde los insectos
derivan su zumbido, se instale una paloma.

* El título de este poema (y del libro) procede de "El mundo de Cristina", el cuadro de Andrew Wyeth, admirado por la autora en The Museum of Modern Art, de Nueva York; posteriormente daría origen a un poema de *Compás binario*.
5 *Aubusson*: Ciudad francesa, situada en la confluencia de los ríos Creuse y Banze, célebre por sus fábricas de alfombras y de tapices; éstos, denominados "de Aubusson", son conocidos desde principios del siglo XVI.

SUCESO

¿Quién desvía tu vuelo y me desea ahora?
Estaba yo ocupándome de la compra, el teléfono,
la ropa de los niños, y se me quedó fija
en un punto brillante del quinqué la mirada
cuando tú prorrumpiste —si a tu ventana llega…—,   5
con un ronco zureo y súbito aletazo.

Reposa tu fatiga un momento en la casa
mientras hierve en colores la pluma de tu cuello,
y echa luego a volar y vuelve con los tuyos
al trigo de los muelles y al agua de los parques,   10
donde a tu desolada pareja, por tu ausencia,
el celo le contrae la encendida pupila.

---

5   *"si a tu ventana llega"*: Fragmento de la canción de Iradier titulada "La paloma" (en *Tratado de urbanismo* incluye Ángel González un poema inspirado en la misma canción). Las palomas son una presencia constante junto a la casa de la autora por la carga y descarga de cereales en el puerto y por la proximidad del parque.

ESTE JUEGO

Dame un lazo de seda que estreche mi contorno
y ciña mi cintura con la vecina espalda
que viene recogiéndome desde hace tantos años.
Mi costumbre de vida poco puede decirme
de cuanto para bien o para mal se acerca   5
a mi cuerpo y lo roza o llega a ser yo misma.

Te propongo este juego: yo te doy una cosa
a ti: la que tú quieras. Y tú dame la cámara
lenta en que pueda verme con mis cosas en torno.
Detengamos la sombra del sol en sus relojes,   10
las aguas en sus ríos. Y, por sólo este día,
que contenga su vuelo la gentil oropéndola.

Razón del tiempo en Churriana

LA CÓNSULA*

En el fresco zaguán un olor recordado
de repente, me atrae a esta casa en que nunca
estuve antes de ahora. Mas viví sin embargo
en torno de este patio con zócalo de almagra
y su pilón vacío de agualuna al sereno.   5
Ando hasta confundirme con quienes se vivieron
aquí, por estos cuartos, con sus juegos y risas
en los lechos que aún dejan su sombra en las paredes,
o entreabrieron sus labios en la noche aterida
para encontrar tan sólo la boca del salitre   10
y el moho de las horas lamiendo los sillares.

El hálito de un niño sobrecarga el hollado.

---

* Finca o hacienda del cónsul de Prusia, Juan Roz, edificada en 1856 en
Churriana.
12 *hollado*: Forma popular de "sollado". Aquí se refiere a la viguería y
tablazón que soporta el suelo.

SUEÑO DE CHURRIANA*

Estoy viendo la casa y me estoy viendo en ella:
aunque confusamente, las puertas al cerrarse
hacen caer mis párpados, y sus noches de invierno
sólo son mis pies fríos, y es carne de mi carne
o yo soy piedra de ella, y ella es como una cáscara   5
pequeña en mi bolsillo, y yo como un estuche
ya vacío de té en su vientre de barco.

Pero es mi propia casa, o la casa que tuve,
donde escoger manzanas que endulzaran mi boca
y andar con mi muñeca rota por los pasillos   10
hasta el armario antiguo con hojas catedrales
que guardaba el estiércol para otras sementeras.

* Poema incluido en la primera edición de *Los sueños*, que luego fue trasla-
dado al libro siguiente. Churriana es un pueblecito de las proximidades de
Málaga que hoy ya ha sido incorporado a la ciudad. Allí vivieron los padres
de María Victoria Atencia hasta poco antes de nacer ella.

RETIRO DE FRAY ALONSO

Churriana

¿Quién dio al reloj de piedra su ocupación horaria,
frescor a la espesura, a nosotros el peso
de soledá o vacío? La magnolia proclama
su majestad floral. Juegan faunos y ninfas
por entre las glorietas. En un ánfora rota   5
de terracota crecen los junquillos de marzo.
Sobre el boj los jilgueros dulcemente se encelan
y los patos ejercen su derecho al estanque.

Démosle media vuelta a la llave olvidada
que colma las albercas y hace saltar las fuentes: 10
dejemos que las aguas se atropellen y corran;
que arrastren hojas, sombras, palabras y recuerdos.

---

* El Retiro es un palacio próximo a Churriana edificado por Fray Alonso de
Santo Tomás, obispo de Málaga entre 1666 y 1692 y, según se cuenta, hijo
natural del rey. En él se recluía el obispo para su retiro espiritual. Sus jardines resultan especialmente notables.

Tiempo de los baños

HOTEL DEL BALNEARIO*

Reposa el balneario, mas la escalera extiende
sus tramos —de un imperio declinado sin duda—
por los cuartos y estancias a los que he de acercarme
en gracia de vacío, con la mirada limpia,
en tanto los ladrillos desprendidos se quejan   5
y en un hierro inseguro afianzo mi mano.

Aún no llego a la luz en el rellano último
y una nube me roza la cara, o es el frío
que al mismo tiempo viene desde el patio subiendo.
Y me detengo entonces, o una paz me detiene   10
no sentida hasta ahora. Y en la escalera soy
lo que su oquedad misma no puede revelarme.

* Alude al "Hotel del Príncipe" en el balneario de Carratraca, cuyas aguas
sulfurosas eran buenas para enfermedades de la piel. Como está situado en
tierras del señorío de Eugenia de Montijo, la principal salita con su baño
estaba reservada (al menos nominalmente) para ella.
2   *de un imperio declinado*: Las escaleras bifurcadas se denominan "imperio" en arquitectura.

RUEDO DE CARRATRACA*

La plaza en plena roca abierta se deshace
lentamente y la almagra un destino denuncia
de vuelo suspendido. Tan sólo embiste el eco
del canto de los pájaros, que en el alba repiten
con su frío los valles. La cinta de la aurora   5
perfila las montañas: ojo rojo en el cielo.
Los granates despiertan en el barranco. Pasan
a su manso quehacer cotidiano las bestias.

Sabré luego a qué día estamos hoy de marzo
a las mil ochocientas setenta y seis en punto,   10
cuando deje su blanca pamela en la barrera,
abandonada y sola, Eugenia de Montijo.

---

* Plaza de toros, parcialmente excavada en una ladera.
10   Este poema, como los otros dedicados al balneario de Carratraca, se
escribió en 1976; la autora retrocede un siglo para poder encontrarse imagi-
nariamente con la condesa de Teba, Eugenia de Montijo.

CASA DE LOS BAÑOS

En dañados espejos un azogue de muerte
revoca el esplendor morado de los lirios.
¿Podréis reconoceros bajo el palio sin techo
de las aguas hediondas? Ocho columnas cercan
la majestad del baño, mientras corroe el óxido   5
el metal de los grifos, deja su mancha roja
sobre la porcelana o se aquieta en el mármol
de una tina sarcófago a ras de las baldosas.

El reloj ha perdido sus agujas, y un tiempo
de Luchino Visconti impone su vigencia   10
a los sucios colchones que en el desván se apilan
y a la vida que vuelve a cruzar estas puertas.

8   *tina*: En Andalucía, bañera.
10   *Luchino Visconti*: Director de cine italiano (1906-1976) que se ha convertido símbolo del decadentismo, sobre todo por sus obras *Muerte en Venecia* (1971) y *Ludwig* (1973).

Tiempo para que el viento rompa
el cristal suelto

ANITA*

A mi memoria vuelves crecida en hermosura
y, mientras da la luz en tu cabeza, quiero
destrenzarte y soltarte el curso de las crenchas,
embadurnar mis dedos en aroma y aceite,
presionarte la nuca y aliviar tu cansancio.   5

Mira: ya tengo aquí agua de lluvia, un peine
de concha, las horquillas junto a la palangana
azul de la Cartuja; tengo hervido el romero
y todo el cuarto huele a los montes de Málaga.
Voy a hacerte el peinado de Cléo de Mérode.   10
Mi cepillo te acerca a una estancia segura
de la que puedo darte el santo y la señal.

* Familiar de la autora, muerta muy joven, a la que sólo alcanzó a conocer
en una vieja fotografía.
10   *Cléo de Mérode*: Bailarina, nacida en 1886 y muerta en 1966, que debu-
tó en la Ópera de París y luego actuó en el Folies-Bergère. Muy popular
hacia 1900, impuso la moda del peinado con raya central y dos bandas que
cubrían las orejas.

INÉS*

No me acerques al agua ni me muestres tu risa
ahora que los castaños doran su fruto al fuego
y el otoño enrojece el Paseo de los Curas.
No estoy junto a la lámpara con un libro de Hopkins
ni cuando oiga el segundo movimiento —tan mío,   5
lo sabes— de la Séptima vas a encontrarme. Déjame

que te acaricie el pelo y me ate con tu lazo
a una tierra que empapa desde las marquesinas
el fleco de la lluvia, y mantenga la rosa
apoyada en el vaso más allá de esta pena,   10
quite la naftalina a la ropa de invierno
y descubra otro rostro en el espejo malva.

---

* Familiar de la autora, también muerta joven y conocida sólo por fotografías.
3 *Paseo de los Curas*: Paseo del parque malagueño que María Victoria Atencia alcanza a ver desde su casa.
4 *Hopkins*: Gerard Manley Hopkins (1844-1889). Poeta inglés, convertido al catolicismo en 1844 y miembro de la Compañía de Jesús desde 1877. Su obra, famosa por sus innovaciones rítmicas y audaces metáforas, fue publicada póstumamente y ejerció gran influencia en la poesía de nuestro siglo.
6 *la Séptima*: Alude a la Séptima Sinfonía de Beethoven.

CUARENTA AÑOS MÁS TARDE*

Antonio

En el recinto sepia de tu fotografía,
cuarenta años más tarde, una tarde entre amigos
han venido a dolerme tu muerte y tu belleza
mientras tengo tan leve cartón entre las manos
y en la umbría de un patio de aspidistras y helechos   5
sigues quieto en tu grata mecedora de mimbre.

Giraba junto al puente su rueda la albolafia
cuando sobre el pretil del río te nombraron
y el arcángel tus manos vació de repente.
Tras el fulgor de julio, la tierra sigue siendo   10
tremendamente dura y hermosamente cierta.

---

* Cuarenta años después de su muerte violenta, en julio del 36, conoce la
autora, en una fotografía, a Antonio, a quien está dedicado el poema.
7   la Albolafia: La noria que aún sube agua del Guadalquivir a Córdoba y
que forma parte de la imagen emblemática de la ciudad.
9   *el arcángel*: San Rafael, custodio de Córdoba.

114

Tiempo para el recuerdo

WASA, 1628*

Fueron creciendo en savia los árboles precisos
para tu arboladura y pudieron los pájaros
oírse en tus maderas. Deslumbró al astillero
tu dotación de bronce, el hueco de tus velas,
la increíble tersura de tu marinería.   5
Así fuiste creado, así dejaste el puerto,
así tu tajamar dio su proa al abismo,
detuvo su rugido tu mascarón rampante
y un puñado de sal colmó sus fauces regias.

Vientre grávido, útero maternal bajo el agua,   10
barco de mucha noche y de larga hermosura,
seguirás navegando un océano de lodo.

---

* Nombre de un barco de guerra sueco, hundido (iba mal lastrado) en la
fecha que aparece en el título y rescatado 333 años después. Un motivo
semejante inspirará el poema "Barco naufragado", de *La pared contigua*.

KARLSKOGA*

Antes de que atardezca tan pronto como suele,
desnúdame a la luz helada de esta tarde
y da mi piel a un sol que es tibio por nosotros.
Un aire blando pasa sobre el musgo crujiente
y roza con sus dedos las frondas de abedules   5
o acaricia la inmóvil suavidad del paisaje.

Llévame por los puentes que la nieve descubre:
sobre el hielo los patos desentumecen vuelos
entre las islas próximas, y las cornejas pasan
buscando desde el aire el dulce escaramujo.   10
Ninguno de los nuestros pudo imaginar nunca
un país tan al norte del antiguo deseo.

* Pueblecito sueco en el que la autora pasó las Navidades del 75.

Tiempo para el amor

ECLESIASTÉS 3, 5*

Dispongamos de un tiempo para apilar las piedras,
acomodar su talla al hueco de la mano
y cubrir con su carga de amor y de violencia
el salario debido para los que combaten.
En el viento susurran, torcaces, las palomas.   5

¿Quién tornará sin daño después de la contienda
por campos que celebren su victoria con mirtos?
¿Quién volverá a su casa a calentar las manos
cuando todo termine en los campos de pluma,
se establezca la paz por frescas hondonadas   10
y un venero de vida recuerde que vencimos?

---

* El pasaje bíblico aludido en el título dice así: "Todo tiene su momento, y
cada cosa su tiempo bajo el cielo (...) Su tiempo el lanzar piedras, y su
tiempo el recogerlas; su tiempo el abrazarse, y su tiempo el separarse".
9 *campos de pluma*: Puede relacionarse con el verso final de la "Soledad
primera", de Góngora: "a batallas de amor campo de pluma".

117

ESTROFA 24*

Amor mío, sin cueras de leones enlazado.
Colores más antiguos retornan a mis ojos
y el tiempo los confunde sobre mi azul filial.
¿Dónde hemos de asentarnos si hay cinco orientaciones
cardinales y elijo con pasión la del vuelo?   5
Ay mi anillito de oro, mi anillito plomado:
démosle vacaciones al ave migratoria
y música a las aguas para goce y recreo
de la trucha en el río.

Mas llevaré el jersey porque a la hora de prima   10
refresca crudamente.

---

* Se refiere a la estrofa 24 del "Cántico espiritual", de San Juan de la Cruz,
que dice así: "Nuestro lecho florido, / de cuevas de leones enlazado, / en
púrpura tendido, / de paz edificado, / de mil escudos de oro coronado".
1   *cuevas*: En la primera edición se leía "cueras" (pieles).
6   En "El lagarto está llorando", de *Canciones* (1927), Federico García
Lorca escribió: "¡Ay, su anillito de plomo, / ay, su anillito plomado!"
10   *hora de prima*: Esa hora de "prima" es la señalada por la liturgia mozá-
rabe. (Por la romana hubiera correspondido ya a las primeras horas de sol
de la mañana.)

GODIVA EN BLUE JEAN

Cuando sobrepasemos la raya que separa
la tarde de la noche, pondremos un caballo
a la puerta del sueño y, tal lady Godiva,
puesto que así lo quieres, pasearé mi cuerpo
—los postigos cerrados— por la ciudad en vela...   5

No, no es eso, no es eso; mi poema no es eso.
Sólo lo cierto cuenta.
Saldré de pantalón vaquero (hacia las nueve
de la mañana), blusa del "Long Play" y el cesto
de esparto de Guadix (aunque me araña a veces   10
las rodillas). Y luego, de vuelta del mercado,
repartiré en la casa amor y pan y fruta.

---

3 *lady Godiva*: Personaje que, a mediados del siglo XI recorrió desnuda
(vestida con sólo su cabello) las calles de Coventry para que pudiera com-
probarse la honestidad de los sajones, quienes se encerraron en sus casas
renunciando a verla.
12 *amor y pan y fruta*: Alusión al título de la película *Pan, amor y fantasía*,
con renuncia al último elemento. Jorge Guillén puso como lema "Pane,
amore e fantasia" a uno de los textos recogidos en *Y otros poemas* (Barcelona, Muchnick, 1973, p. 406).

119

EXILIO

¿Quién descuajó las puertas para echarnos al frío?
La casa quedó atrás: sólo concreta el humo
su sitio en la vaguada.
Mientras los pies se hieren entre las rastrojeras
un pájaro de luto contra su tórax rómpese.   5
Hay que tener un muerto por el que verter lágrimas
y el ánimo previsto para las ocasiones
y sacar adelante el tallo desflecado
por el viento
y distenderse como el blando gato persa.   10

Andar es no moverse del lugar que escogimos.

10   *blando*: En la primera edición "blanco".

PASEO DE LA FAROLA*
(1978)

Para Vicente Aleixandre

* Se trata del paseo en el que está situada la casa de María Victoria Atencia.
La "farola" es el faro del puerto.

AMANECE

El tráfago del muelle
a una luz se despierta.
Retornan los pesqueros
desde sus marcaciones
y los remolcadores   5
taimadamente escoltan
a un carguero rojizo
de hierro y maquinaria.

Las seis y media en punto:
mi noche ya no cuenta.   10

FLOR

La dragontea aguarda
en el barro cocido
de su maceta al día.
Y allá abajo, en las aguas,
"Fleur" —¿qué flor?—, un dragón   5
hay que ostenta ese nombre
sobre su hierro negro
con grandes letras rojas.
La France, la France: un aire
de *fleur* despide el puerto.   10

VENDEJA*

Apilados seretes,
cajas de pasas, rubios
limones como senos,
entre nocturnos ritos
y antiguos menesteres: 5
vuestro olor moscatel
mi trastorno provoca.

Si no puede volverme
vuestro aroma a la infancia,
cerraré mis cristales.   10

---

5 *Fleur*: Nombre de un submarino francés atracado en el puerto frente a
la casa de la autora.
* En Andalucía, venta de pasas, higos, limones, etc., durante el tiempo de
la cosecha. En Málaga hay una calle, dedicada antiguamente a ese menes-
ter, que lleva tal denominación.

MIENTRAS ESCRIBO*

Mientras escribo y cae
tu ajetreo diario,
mariposa de azul
pavorreal creciente,
sosiegan las compuertas,   5
los containers, las grúas,
y de pronto nos cubre
una gran lona roja.

* Este poema, no incluido en la edición de 1978, apareció por primera vez
en *Ex Libris*.

EL COLECCIONISTA
(1979)

Para Jorge Guillén

Venezia serenissima

PLACETA DE SAN MARCOS

Amárrate, alma mía; sujétate a este mármol,
Sebastián de su tronco, con cuantas cintas pueda
ofrecerte en Venecia la lluvia que te empapa.

Amárrate a este palo, alma Ulises, y escucha
—desde donde la plaza proclama su equilibrio—   5
el rugido de bronce que la piedra sostiene.

2 *Sebastián*: Ver nota al poema "Aureola de Sebastián", en p. 144.
4 *Ulises*: Alusión al episodio de Ulises y las sirenas.

GHETTO*

Denso es el aire aquí. Y tibio. Lo respiro
entre casas que quiebran su fachada en el agua.
Un gato mansamente se me enreda en las piernas
y me retiene inmóvil delante de Jahvé.

CAFFÈ FLORIAN**

Héroes extraños somos, hendiendo lo infinito.
la proporción humana se despliega en los mástiles
con banderas de Chipre, de Morea y Candía,
mientras que la belleza, odalisca cambiante,
sobre el tierno peluche que mullen los divanes   5
la dimensión del tiempo nos muestra en los espejos.

---

* El término es de origen veneciano. Allí los judíos residían en el barrio en el que estaba la fundición (ghetto) de cañones.
** Situado en la plaza de San Marcos, tiene una larga tradición literaria. por él pasaron Lord Byron, Goethe, Rousseau, Oscar Wilde y Hemingway, entre otros.
3 *de Chipre, de Morea, y Candía*: Posesiones venecianas en el mediterráneo. Morea es el antiguo nombre del Peloponeso.

Suite italiana

PIETÀ RONDANINI*

Sobre la piel ungida
sella el amanecer
el paso de la noche.

SANTA MARIA DEL FIORE**

Ofrécele a las piedras
el entrepaño húmedo
de una tarde de invierno.

JARDÍN DE INTRA***

En medio de la plaza
el otoño derrama
rojos, carmines, ocres.

* Escultura de Miguel Ángel, una de sus últimas obras, que se conserva en Milán en el Castillo Sforzesco. Se considera un antecedente del expresionismo por su expresión dramática y adrede mutilada.
** Catedral de Florencia.
*** Intra está situada en la orilla derecha del italiano Lago Mayor.

Capillas mediceas

LA AURORA*

Reclinada en el mármol,
aurora que arrebatas
la sombra a los amantes,
el sorbo de tus pechos
será el último trago   5
en un banquete Médicis.

CREPÚSCULO**

Cerca aún de una luz a punto de extinguirse,
del trance de las sombras un residuo se eleva;
piedra con claridad prestada, cuya frente
reflexiona en lo oscuro.

---

* Escultura de Miguel Ángel que forma parte del sepulcro de Lorenzo de
Médicis, en la Sacristía Nueva de San Lorenzo (Florencia).
** Otra de las esculturas de Miguel Ángel que integran el sepulcro de Lo-
renzo de Médicis.

LA NOCHE

Parla basso...*

Sobre el dintel, yacente, su cerviz dobla el sueño
en arco de abandono.
Busca apoyo en la mano
una sien que disputan lo efímero y lo bello.

Parla basso: Juan Bautista Strozzi dedicó un poema a la Noche, otra de las esculturas de Miguel Ángel en la Capilla Medicis, ponderando la vida que revela, hasta suponerla capaz de hablar. Miguel Ángel constestó con los siguientes versos: "Grato me è il sonno, e più l'esser di sasso: / mentre che il danno e la vergogna dura;/ non veder, non sentir, mi è gran ventura; / però non mi destar; deh, parla basso".

133

En el joyero Tiffany's

CÁNTICO

Regresaba del sueño, aquí, en su casa próxima,
y colmaba en el alba de frutas en sazón
el cuenco de la noche,
invitándome siempre, sin hartura y con sed,
a esa abundancia suya.   5

LA MADRE DE HÉCTOR*

Por esa ley antigua que obliga a los amantes
a sucederse en otras y otras generaciones,
yo misma a un joven héroe di vida en mis entrañas.
Me doblegué a las lunas y en su espera de júbilo
los hibiscos tiñéronse.
Se hacía transparente su rostro sobre el mío   5
y él me daba nobleza, belleza, plenitud.

Incendio tras incendio, el cuerpo prevalece.

CERCO CONTINUO**

Alguien me abrió sus brazos y entre su cerco anduve.
Y creciéronme alas dentro de un laberinto
que me cercó también. Y levanté mi vuelo.
Ahora, ya sin aliento, me cerca el mar de Icaria.

PARA UNAS HOJAS SECAS

Para vuestra belleza de bronce decadente,
entre el verde y la nada disponéis de un espacio
en el mismo dintel que da entrada al vacío.
Los que nos precedieron en tiernamente amaros
con hojarasca trenzan el nido de la alondra.   5

* Hécuba, personaje de la *Ilíada*.
** Alude al mito de Ícaro, hijo de Dédalo. Cuando ambos huían del laberinto de Creta volando con alas de cera, Ícaro, desobedeciendo los consejos de su padre, se acercó demasiado al sol en su vuelo. Sus alas se derritieron y cayó al mar, donde pereció ahogado.
4   *mar de Icaria*: Lugar del Mar Egeo, próximo a Samos, donde se supone que cayó Ícaro.

135

Champs Elysées

TOUR SAINT-JACQUES*

No hay peregrinos ya. Hermosamente quietos
se corroen al pie de la torre abolida
los inútiles ojos vacíos de la bestia,
a mitad de camino entre la luz y el llanto.

VENUS DE MILO

En el mármol de Paros
de tus entrañas, Venus,
está el inmóvil punto
en torno del que giran
sin vuelta los instantes   5
cambiantes de los lirios.

---

* Torre que se alza en París en la plaza de la que partían las peregrinaciones
a Santiago de Compostela.
2   *la torre abolida*: Referencia al soneto de Gérard de Nerval "El desdicha-
do", cuyo segundo verso dice así: "Le Prince d'Aquitaine à la Tour abolie".
3   Alude a alguna gárgola dispuesta ahora al pie de la torre.

LA LICORNE*

Se sostiene la isla sobre un campo de gules,
leopardos y raposas. La dueña, en su escabel,
se recoge el brocado y en sus vueltas de seda,
sobre el regazo, apoya blandamente las manos
el gentil unicornio y sella con su imagen   5
el espejo de azogue que le muestra la dama.

* Se refiere a uno de los tapices de la serie "La dama a la licorne" expuesta en el Musée de Cluny, de París. Rilke se ocupa de estos tapices en *Los apuntes de Malte Laurids Brigge*, ed. cit., pág 88-91.

Homenaje a Turner

RAIN**

National Gallery

En Trafalgar Square,
hacia las cinco he visto llegar entre la lluvia
una locomotora.
Hay ráfagas que cruzan
el amarillo cadmio y los sienas tostados.   5
Turner ha vuelto a casa.

** "Lluvia", titulo de un cuadro de Turner (1775-1851), pintor inglés cuyas obras destacan por la riqueza de su colorido y al que se considera precursor del impresionismo.

VENICE*

Tate Gallery

Santa Maria della Salute atardecida,
te vas, nos vamos, vamos
en desvaídas góndolas
perdiéndonos otoño adentro por sus ocres.
Te conocía en sueños.   5
Hoy, al fin, ya me tienes.

LIFE-BOAT**

Victoria and Albert

Hay siempre una galerna
en el rincón del lienzo por donde el mar se rompe,
que nos fuerza a adentrarnos
en busca de la vida,
aunque después las olas   5
devuelvan nuestros restos contra el embarcadero.

* "Venecia", título de un cuadro de Turner.
1 *Santa Maria della Salute*: Iglesia veneciana a la que se refiere el poema
"La chiesa", de *Paulina o el libro de las aguas*.
** "Bote salvavidas", título de un cuadro de Turner.

MARÍA VICTORIA ATENCIA

PINTURA INGLESA

No hay gozo ni dolor: una inmovilidad
aprendida de siglos se mantiene en su rostro
tan hecho ya a aguardarme. El vaho de la taza
de té con que me obsequia en el lienzo se alza
y un instante desdobla la mujer de su tiempo.   5

---

1   *No hay gozo ni dolor*: El comienzo de este poema recuerda a Francisco
Brines ("sin fuego de alegría y sin tristeza", en "Muros de Arezzo", de
Palabras a la oscuridad) y a Guillermo Carnero ("No hay llaga, sangre, hiel:
no son premisa", en "Piero della Francesca", de *El sueño de Escipión*).

Aroma caudal

BAÑO

Comienza a serme infiel
la piel de la garganta;
pero ahora que se pierden tras de mí las orillas,
tómame una vez más, mi desdeñoso amante,
mientras las algas ponen   5
un collar en mi cuello.

LA ESFERA

Proseguirá en la caja hermética girando
esta esfera de luz y sombra que nos lleva
cuando el ave del sueño nos ahogue en sus plumas.

PHOTO HALL*

A traición nos asaltan los antiguos instantes
que la fotografía detuvo en sus cartones
junto a un tiempo que ya nos hiere con sus manos.

AFÁN

Dejemos que prosiga su diario quehacer
el animal silente que a ciegas nos conduce.
Todo estaba ordenado desde que un pez antiguo
soñó mar de por fuera la burbuja que somos.

---

* Nombre de un viejo estudio fotográfico, en la malagueña calle de Liborio García del que proceden varias de las fotografías de adolescencia de María Victoria Atencia.

3 *un tiempo que ya nos hiere con sus manos*: El verso puede relacionarse con otro de la *Epístola moral a Fabio*, "Antes que el tiempo muera en nuestros brazos". José-Carlos Mainer en *Historia, literatura, sociedad* (Madrid, Espasa Calpe, 1988 , pp. 18-19) ha cuestionado, basándose en estudios de Alberto Blecua y Francisco Rico, que la personificación del tiempo que hoy vemos en ese famoso endecasílabo se corresponda con la intención del autor; en cualquier caso, es la interpretación tradicional la que está en la base del verso de María Victoria Atencia.

*Himnario**

Para Pablo García Baena

TRÁNSITO DE ESTEBAN**

Deseé ardientemente
que aquellas rosas rojas tiñeran mi dalmática:
feliz el golpe último.
Dejado en este sitio que tu oración señala,
mi corazón ensancha   5
la sortija del tiempo.

---

* No incluido en la primera edición de *El coleccionista* ni recogido en *Ex-libris*.
** Se trata de San Esteban, el protomártir, lapidado hacia el año 36.

AUREOLA DE SEBASTIÁN*

El diente de los dardos
iba dándome vida
y no era justo, Irene, demorar mi victoria.
Ya ves: al fin, cansado de aguardar el triunfo,
yazgo en un muladar.   5
Estiércol: séme leve.

---

* En *La leyenda dorada*, de Santiago de la Vorágine, se refiere de esta
manera el martirio de San Sebastián: "El emperador mandó que lo sacaran
al campo, que lo ataran a un árbol y que un pelotón de soldados dispararan
sus arcos contra él y lo mataran a flechazos. Los encargados de cumplir esta
orden se ensañaron con el santo, clavando en su cuerpo tal cantidad de
dardos que lo dejaron convertido en una especie de erizo, y, creyendo que
ya había muerto, se marcharon. Pero Sebastián, pese a la gravedad del tor-
mento a que fue sometido, no llegó a fallecer; después que los soldados se
ausentaron, alguien lo desató del árbol y lo liberó". (Citamos por la versión
de Fray José Manuel Macías, Madrid, Alianza Editorial, 1982, 2 vol.)
5 *yazgo en un muladar*: El martirio de San Sebastián, según *La leyenda
dorada*, continúa así: "Diocleciano ordenó que lo apresaran de nuevo y que
lo apalearan hasta que constase con toda certeza que lo habían matado, y
que después arrojaran su cuerpo a una cloaca de manera que los cristianos
no pudieran recuperarlo ni tributar a sus restos el culto con que honraban a
sus mártires".
6 *séme leve*: La frase tradicional en las sepulturas latinas era "sit tibi terra
levis".

COMPÁS BINARIO
(1984)

COMPÁS BINARIO
(1981)

Debida proporción

Para Fernando Ortiz

DEBIDA PROPORCIÓN

Unos ojos engendran otros ojos, y otros
nacen, ya de por vida, ciegos para el discurso
de un tiempo que acaricia en su paz la serena
belleza de las formas.

Pero en su antigua plata delimitan los días   5
el contorno preciso en que lo bello acaba,
su espacio de hermosura
que no roza el silencio, que no empaña el desorden.

Y está fuera el vacío
que reclina en la piedra su desfallecimiento   10
y con sus torpes manos el ademán confunde
de un bando de palomas sobre la tierra calma.

NOCHE OSCURA*

Quien apiña la noche bajo el embozo, vuelve
a negarme por huésped de su amor cotidiano,
y la palabra —el tenue susurro del aliento,
que apenas significa— con la alondra primera
teje la frágil trama de la desesperanza: 5
contra sí se debate el que combate a solas.

Amante el más difícil, que hasta el alba persigo:
en tu vacío encuentra mi poema su hechura.

AUSENTES OJOS**

Don Luis de Góngora

Por las sienes del alba huella un carro su peso
de prometida luz que un toldo yerto encubre.
Roza dormido el suelo el borde de unos hábitos
y una mano desdice el vaho en los cristales.
Fuera está la ciudad, que al día se dilata   5
en amor o en desdén desde su centro puro,
pájaro que en su canto rodado la sujeta,
que afirma en las orillas su caudal de equilibrio
y en su vuelo la alza y en vilo la sostiene,
oh excelso muro, oh torres coronadas.   10

---

* "Quizás en 'Noche oscura' —ha escrito María Victoria Atencia— aluda a
la duración, incluso por meses y años, de esa noche descrita por San Juan,
con un alba que puede ocurrir en plena mitad de una noche cualquiera"
(Prólogo a *Poemas*, Oviedo, Biblioteca de Asturias, 1989).
** El título y el endecasílabo final proceden del soneto de Góngora dedicado a Córdoba.

EL SETO*

La dorada memoria del helecho, el cobijo
del bálago, guardaban el rastro de la zorra
cuando —roja chaqueta, desflecadas las crines—
saltaste el seto y hubo un súbito silencio.

Ahora que ya has cumplido hasta el fin tu carrera,   5
mientras apilo leña para este invierno dime
si galopo contigo despierta todavía
por un tiempo que colman de niebla los pantanos,
o si después del último ademán descompuesto
el campo de Britania nos envuelve en su gloria.   10

---

* Hay en este poema un nuevo recuerdo del Coronel Shaw que aparecía en
Los sueños.
3 *desflecadas*: En la primera edición, "anudadas".

Compás Binario

COMPÁS BINARIO

Mientras que amor os tuvo en sus manos, gemisteis,
cuerpos jóvenes, seda natural derribada,
belleza irreprochable que contemplaba el tiempo.

Tardasteis largo aliento en coronar la cima
y fuisteis un destello deslumbrante en la noche,   5
que en la opuesta ladera se apagó bruscamente.

EPITAFIO*

Las banderas ardían, era cierto,
y su rota ceniza nos empañaba a todos
cuando los aparatos descargaron sus bombas.

Mientras cruzas la yerba
procura no hacer ruido: 5
bajo esta piedra escondo mi miedo y mi muñeca.

CONJURO

Vuelve de nuevo, yerta deidad, sombra de pájaro
que el sílex apedrea, y al cuenco de mis horas
acomoda tu cuerpo, mientras yo dejo el mío
bajo el sol, y el mar dobla puertos de luz adentro
encendiendo las crenchas púrpura del solsticio.   5
A mis pies rompe el agua su estallido salobre.

JORGE MANRIQUE

A esa luz que nos crea y nos destruye a un tiempo,
bajan desde sus nidos a abrevar las palomas:
abaten en la orilla su cuello hasta las aguas
y lo yerguen, y el río que se lleva su imagen
viene a dar en la mar, en tanto que ellas vuelan,   5*
desnudas ya de sombra, hacia sus columbarios.

* Junto con el poema "Antonio", también de *Compás binario*, y "Éxodo",
de *La pared contigua*, se trata de los únicos ecos de la guerra civil en la
poesía de María Victoria Atencia.
4-5* *el río... viene a dar en la mar*: Alusión a unos famosos versos de las
coplas de Jorge Manrique ("Nuestras vidas son los ríos / que van a dar en la
mar").

151

JOHN MOORE*

Aquí yace John Moore,
muerto de noche y frío y fiebre y plomo,
o sólo de una oscura tristeza anticipada.

El puño de su sable ulceró su agonía
—no quiso desceñirse—   5
y su sangre cayó entorpeciendo el suelo.

Para cubrir su herida excavaron un surco
del tamaño de un hombre, aproximadamente,
y a la tierra lo echaron, como el que dice, a tientas.

Sus soldados huyeron sobre un mar de delfines   10
y sólo entonces supo
la razón de su muerte.

Descansa en paz, oh Moore.
Que por decir tu nombre,
brille como una lámpara mi voz ante tus ojos.   15

---

* General inglés (1761-1809) que participó en la Guerra de la Independencia. Al retirarse con su ejército hacia La Coruña fue alcanzado por el general Soult y pereció en la refriega, aunque consiguió que la mayoría de sus soldados se salvara. Rosalía de Castro le dedicó el poema "Na tomba do xeneral inglés sir John Moore morto na batalla de Elviña (Coruña) ó 16 de xaneiro de 1809", que fue traducido por María Victoria Atencia y publicado en edición no venal en 1981. "John Moore" apareció con el título de *Epitafio* en la colección "Papeles de poesía" (Málaga, 1985). Se incorpora a *Compás binario*, como libro del que está más próximo.

*Porcia**

DESPEDIDA

Ciñe su dura ajorca el adiós y enriquece
su plenitud de gracia, su colmada belleza
que el amor perfecciona y en el dolor nos hace.

Pero un puerto, en principio, es hermoso y terrible,
y una gota de mar entre los dedos puede   5
predecirnos el tiempo del sollozo cercano.

---

* Se trata de uno de los nombres, tomado de Shakespeare, que utilizaba Emilia Pardo Bazán en su correspondencia amorosa con Benito Pérez Galdós.
4 *hermoso y terrible*: Reminiscencia de un famoso pasaje de la primera de las *Elegías Duinesas*, de Rilke ("Pues lo hermoso no es más que el comienzo de lo terrible que todavía podemos soportar"). En el poema "Armandus de Cremona faciebat", de *La pared contigua*, encontramos otra referencia, aún más directa, al mismo fragmento rilkiano.

153

MARÍA VICTORIA ATENCIA

LA RAMA DORADA*

LA VISITA

En noches que eran suyas retornaba a la casa
por la vaga memoria de un antiguo deseo
y dejaba en el suelo del corredor a oscuras
una huella de agria ceniza y el susurro
de una voz que iba dándome aliento todo el día.   5

Quiebra un árbol su altura y su savia concluye
bajo el perseverante fulgor de un bosque idéntico
sólo a los ojos, siempre sucesivo y el mismo.

Transidamente llego, despojada, a sus ramas,
leyenda de mí misma que a otra historia sucede,   5
hasta ser hoja suya en que se asienta el moho.

FÉLIX GANCEDO**

Entre la niebla, el mar
levanta su quejido salobre hasta tu cuarto:
lo amaste de por vida y hoy busca tu silencio.

Su testimonio húmedo alcanzará a tu boca.

* El título puede estar en relación con *The golden bough*, el monumental
trabajo de sir James George Frazer (1854-1941) dedicado al estudio de los
mitos y los ritos mágicos.
** En la primera edición el título era simplemente "Félix".

154

JARDÍN*

Quien me lleva se adentra en la niebla que pierde
a veces nuestros pasos, nuestros labios confunde
con un vaho de otoño y descubre la plata
aterida del césped, el oro de las hojas.
Cruje el jardín sin nadie, con su frío.   5
¿Hay un árbol, de pronto, que estalla en fruto y luz?
A la espera de un dios desconocido, alguien
esta noche, conmigo, morirá cuerpo a cuerpo.

---

* En la primera edición llevaba el subtítulo "Rue Jean Rieux", como alusión a la calle de Tolouse en la que se originó el poema.
A este respecto ha señalado la autora: "Es muy probable que en futuras
ediciones —si tienen lugar— vaya prescindiendo de parte de esos *apoyos*,
quizás *encantadores* en lo tierno del recuerdo, pero innecesarios para el
hecho del poema, ya realidad independiente" (Carta al autor de esta edición, de fecha 21-XI-89).

Adviento

LA MANO

Para que amase
lo bello siempre y lo irreal sin duda,
la transgresión de un límite,
la sangre recorriéndome impulsada
por la luz encendida que mi vida sostiene,   5
llevo dispuesto —aliento de una joven ya muerta—
un topacio en mi mano.
                                    Si a su luz me dejara,
fuera del implacable desván en que se engendra
ardería en las noches inciertas del adviento   10
donde esa mano fuese, entre otras manos,
ciñendo con seguro ademán de ternura
el dorado cordón que entrelaza dos cuerpos,
lejos del punto fijo que ha de tenerme inmóvil
cuando cante en las brumas, nocturna, la corneja.   15

LES AMOURS*

Ronsard

Sentada junto al fuego, hilando y silenciando
—porque otoño regresa y la alhucema invita—,
el poema empezado dejado en el regazo,
volveré a verme un día en el sillón de Elena.

Entonces a mi lado alguien dirá mi nombre   5
entre mis propios hijos y avivará las llamas,
y olvidaré si puedo tu voz y tu reproche:
Cuillez dès aujourd'hui les roses de la vie.

* *Les amours* (Los amores) es el título de un libro de Pierre de Ronsard
(1524-1585), publicado en 1552.
1   Este verso constituye una variación del segundo verso del soneto 42 (Libro Segundo) de los *Sonnets pour Hélène* (Sonetos para Helena), de Ronsard: "Assise aupres du feu, devinant & filant" (Sentada junto al fuego
devanando e hilando). Jorge Guillén traduce este soneto, bajo el título de
"Les amours", en *Final* (Madrid, Castalia, 1989, pp. 289-290). Las relaciones entre el soneto original, la traducción de Guillén y el poema de María
Victoria Atencia han sido estudiadas por Antonio A. Gómez Yebra.
4   *Helena*: Hélène de Surgères, dama de la corte de Catalina de Médicis,
nacida en torno a 1545, que inspiró a Ronsard una famosa colección de
sonetos, publicada en 1578.
8   Verso con que termina el soneto 42 de Ronsard. Traducción: "Coge hoy
mismo las rosas de la vida".

LAGUNA DE FUENTEPIEDRA*

Llegué cuando una luz muriente declinaba.
Emprendieron el vuelo los flamencos dejando
el lugar en su roja belleza insostenible.
Luego expuse mi cuerpo al aire. Descendía
hasta la orilla un suelo de dragones dormidos   5
entre plantas que crecen por mi recuerdo sólo.

Levanté con los dedos el cristal de las aguas,
contemplé su silencio y me adentré en mí misma.

* Se encuentra situada en el municipio de Fuente de Piedra, partido judicial
de Antequera, en la provincia de Málaga, y en ella abundan las aves acuáti-
cas, especialmente los flamencos.

TEMPORAL DE LEVANTE

Extraña y enemiga es esta piel que miro
diariamente, cuido, me ciñe y me refleja,
los otoños azotan y dice de mí misma
exterminando en dos el cristal del espejo.

Volveré la cabeza al viento del levante   5
si un brote malva exhibe el jacinto en la cómoda,
si una baba denuncia el rastro de mi paso
o en el mármol sellado una verja chirría.

Cuando sienta que puedan el ocaso servirme
en una taza —Emily Dickinson—, romperé   10
los pliegues de mi incierta paloma de papel
contra la balaustrada férrea que me contiene.

9-10 *el ocaso servirme / en una taza*: Emily Dickinson comienza uno de sus
poemas con el siguiente verso: "Bring me the sunset in a cup" (El ocaso
traedme en una taza).
10 *Emily Dickinson*: Poetisa norteamericana (1830-1886), desconocida en
vida, y considerada hoy como una de las precursoras de la lírica contemporánea.

159

EL MUNDO DE CRISTINA*

Museum of Modern Art,
Nueva York

Tuve también su edad, y tendida en la hierba
supe de un sol a plomo sobre el verde agostado,
de un ardiente silencio en el que me envolvía,
y de una brisa súbita —yerta quizá— de aviso,
hiriéndome las sienes.   5
                 Tuve su edad. Me he vuelto,
descompuesta sin duda, sobre mí,
para mirar mi casa alzada en la ladera
—la polilla royendo mi enagua en los armarios—
sin que siquiera a un ramo de glicinias pudiese   10
detraerle una gota de su zumo.
                Me he vuelto,
confundido mi nombre, para salvar mi casa,
aunque siga en un cuadro donde tan sólo espero
que irán a dar razón de mi nuca los ánsares.   15

* Título de un cuadro de Andrew Wyeth.

Caprichos

A Claude Esteban

MARQUESA DE LAZÁN

Posar: esa inquietud. Pero el arte es amable
y exigente. Ya inmóvil, su levedad apoya
en un respaldo. Bajo la túnica adelanta
—de punta en blanco— el pie. Cae el cabello en sueltos
rizos, dentro de un orden. Y el cuello gracilísimo   5
de madame la marquise, como un pájaro vuela.

* Los cuadros de Goya glosados en estos poemas (que no pertenecen a la
serie de los "Caprichos") forman parte de diversas colecciones particulares y
se expusieron en el Prado en 1983.

CONDE DE FERNÁN NÚÑEZ

De medio paso al frente rompe y rasga
los azules de Prusia distendidos
y, aristócrata, posa; quién cómo él, decidme.
Ciñe el muslo de un blanco, gemelo a su corbata.
Vuelve el rostro. Detiene   5
la mano sobre el pecho y, embajador cesado,
oprime allí el latido de un potro por Verona.

CONDESA DE CHINCHÓN

Por romper el silencio, mustias espigas roza
un ángel cuando pasa sobre tus bucles jaros;
o porque no has perdido aún —tú, la carente
de todo— una frescura conventual y dócil.
Desde el sillón prestado contemplas la comedia   5
y, con ausentes brazos, abarcas el juguete
de un vientre de ocasión por encargos reales.

2 *jaros*: Rojizos. Se aplica especialmente al color del pelo de los animales.

PAULINA O EL LIBRO DE LAS AGUAS
(1984)

PAOLINA BORGHESE*

Canova

Hiende en la noche tu perfil egregio
ahora que el ciervo brama en el jardín tan próximo,
y salva el cerco de laurel que abraza
tu mármol desnudado: no hay un río
que anegue tu cintura, un agua cálida.   5
Salta del lecho, caiga tu diadema,
huye al prado: Gesualdo di Venosa
suena en su clavicémbalo.
Tiene la perfección vocación de desorden.

* En la edición original: Paulina, como en el título del libro. Paolina Borghese, hermana de Napoleón, casada con Camilo Borghese, miembro de una
antigua familia de mecenas, juristas, militares y banqueros. Su retrato en
mármol por Canova puede contemplarse en las Galerías Borghese, en
Roma.
7 *Gesualdo di Venosa*: Carlo Gesualdo, príncipe de Venosa. Compositor y
organista italiano nacido en Nápoles hacia mediados del siglo XVI. Sus
composiciones se encuentran en un libro de madrigales publicado en Géno-
va en 1613, con el título de *Partitura delli sei libri de madrigali e cinque voci
dell'illustrissimo e eccelentissimo principe di Venosa, D. Carlo Gesualdo.*

LA SEÑAL

Plenitud fuera esta levedad.
                             Hondos cuencos
me ofrecen aún el oro de su fruta.
Tomad mis manos: siento el frío entre las vuestras,
o ardo enseguida, y vivo, pues engendré belleza.   5
Y aliento —o finjo— aún, y tan profundamente
que me puedo saber huésped de vuestros días
aunque lleve en los labios la señal de otro beso
por el que, en cortos trechos de alquitrán y pizarra,
los pájaros de nácar abatidos   10
incendian la distante orilla del verano.

VILLA D'ESTE*

Por una tierna rama que muerdo y reconozco
desciendo a los jardines que la noche arrebata
y me recorre el alma su agriedad, su dentera.
Carencia es plenitud. Me doblego a su gracia.
Da a las aguas impulso la esfinge de una fuente   5
y guarda su secreto: soy mi débil medida.

---

* Palacio edificado en Tivoli, cerca de Roma, por el cardenal Hipólito, hijo
de Alfonso I de Este.

El Puente de los Suspiros en Venecia.

María Victoria Atencia en una lectura poética, Oviedo, 1989.

PONTE SANT'ANGELO*

No volveré a asomarme desde el pretil al río
para verme en la misma corriente de sus aguas.
Se sustentan los ángeles en la clave del arco
y descansan el peso de su mensajería
en este instante mismo de mi muerte diaria.   5
Es la revelación de la carne. La acepto.
Un solo paso más, y llegaré hasta el muro.
A viva tumba abierta me daría a sus alas
para volver de nuevo hasta el pretil del frío.

ESCLAVO AGONIZANTE**

Miguel Ángel

Para la muerte fuiste engendrado en belleza
antes de que el cincel descubriera en el mármol
tu descompuesto escorzo de aburrimiento y sueño.

---

* Puente romano próximo al Castillo de Sant'Angelo, edificio construido
por Adriano y convertido luego en fortaleza papal, cuyo nombre le viene de
la estatua del arcángel San Miguel que lo remata.
1-2   Alusión a Heráclito (Nadie se baña dos veces en el mismo río).
** Escultura de Miguel Ángel que se encuentra en el Museo del Louvre.

LA CHIESA

En su edad vegetal me aguardaban las algas
y sin rozar sus hilos acepté su homenaje.
¿Cuántos peldaños luego? Quise cruzar tus puertas,
Madonna mia, Santa Maria della Salute,
para hundirme contigo en tu traza redonda   5
y recorrer mis días —mis sombras y mis gozos,
mi memoria y mi olvido—, así, circularmente.

Desde un Pentecostés, con sus lenguas de fuego,
las luces de Ticiano me hieren la garganta.

ESA LUZ

Recógete, alma mía. Es sólo la belleza
que viene y tiñe el cielo y te deslumbra y pasa.
Conserva aún en tus manos esa luz que decae.
Algo trama la noche: también ciega lo oscuro
y tiene un cielo propio para acosar las aguas.   5
Peces errantes palpan un légamo de muerte.
En la terraza el viento quiebra el tallo a los áloes.

4 *Santa Maria della Salute*: Iglesia veneciana a la que se alude también en
el poema "Venice", de *El coleccionista*.
6 *mis sombras y mis gozos*: Gonzalo Torrente Ballester tituló su más conocida trilogía novelesca *Los gozos y las sombras* (1957-1962).
8 *Pentecostés*: Cuadro de Ticiano, pintado hacia 1555, que se conserva en
el templo veneciano de Santa Maria della Salute.

AL SUR

Al sur de algún país está mi casa
con discos de Bob Dylan y Purcell, y facturas,
y pudín de Yorkshire, y libros esperándome
y voces que se cruzan por las habitaciones.
Pero la fría sangre del jazmín me atraviesa   5
cuando la tarde cae, y escribo, como ahora,
o callo en la terraza por los míos ausentes.
Un gran perro acosado ladra en el ascensor.

MEMORIA DE ADRIANO*

Animula, vagula, blandula.

Alma desnuda, libre de falta sin embargo,
el oído o la voz inventarán tu culpa.
El pan nuestro, la luz de cada día, el sueño
te han de negar su paz. Ligera de equipaje
aceptarás, no obstante, el asalto del alba.   5

---

* El título parece proceder de la famosa novela de Marguerite Yourcenar
Memorias de Adriano (1951). Al frente de dicha novela se reproduce el
poema del emperador Adriano cuyo primer verso cita María Victoria Atencia: "Animula vagula, blandula, / Hospes comesque corporis, / Quae nunc
abibis in loca / Pallidula, rigida, nudula, / Nec, ut solis, dabis iocos..." Una
posible traducción sería: "Mínima alma mía, tierna y flotante, huésped y
compañera de mi cuerpo, descenderás a esos parajes pálidos, rígidos y des-
nudos, donde habrás de renunciar a los juegos de antaño".
4 *Ligera de equipaje*: Se trata de un eco del "Autorretrato" de Antonio
Machado que encabeza su libro *Campos de Castilla* ("me encontraréis a
bordo ligero de equipaje").

LA LLAVE

Me despoja de mí el silencio en las torres
que una llave de piedra o de plata me abren,
y a las veras del agua se desnuda de aljófar
y nácar la nostalgia. Deja escurrir el mirto
una gota de aroma que sacude a la alberca.   5
Puedo ungirme las yemas para dar luz a un ciego.
Discurro con la noche. Los cipreses se alzan.
Soy el vacío ya. Ni una voz me sostiene.

2 *una llave de piedra*: La llave tallada en la piedra clave de la Puerta del Vino, en la Alhambra de Granada.
5 *la alberca*: Alusión al estanque del Patio de los Arrayanes, también en la Alhambra.

TRANCES DE NUESTRA SEÑORA
(1986)

Para Solita Gómez Raggio

EL SOL

Vierte sobre el adviento la esperanza de un fruto
que conmueve la tierra y estremece los valles
para entrar con el pie de tu preñez gloriosa
en la hora sin tiempo de los enamorados
por el que mueve el sol y las demás estrellas.   5*

MEMORIA

Tiempo atrás, vida atrás, me recogí en mi sangre
y aniñé mi esperanza para crear un fruto.
En el tierno silencio de aquellos largos meses
nos mecía a los dos el giro de la tierra.
Después, al alumbrarlo, la tierra se detuvo.   5

5*   Variación del verso final de *La Divina comedia*: "l'Amor che move il
sole e l'altre stelle".

173

EL VIENTO

Se levantaba el viento perdido en los caminos
y me sentí morir sin cobijo de albergue,
ni siquiera sabía bajo cuántas estrellas.

En el momento propio de la fecha gloriosa,
para acallar su hambre le llevé hasta los labios   5
toda una vía láctea de esplendor y silencio.

VICTORIA

Estaba abierto el cielo y mi hijo en mis brazos,
tan indefenso y tierno y aterido y fragante
que lo sentí una obra sólo mía, victoria
de un cuerpo paso a paso ofrecido a su cuerpo.
Lo envolví con mi aliento y él tuvo el soplo tibio   5
en el que una paloma se sostenía en vuelo.

LA MANO*

Cuando, tras asearla con las aguas lustrales,
por juego la aproximo y la entibio en mi pecho,

qué pequeña esta mano que encaro con la mía,
juego de amor y risas a la orilla del sueño:

su mano recental, que intenta levantarse   5
y que me desposee y colma al mismo tiempo.

* No incluido en la primera edición de *Trances de Nuestra Señora*.

DE LA LLAMA EN QUE ARDE
(1988)

Para Pablo García Baena

Ciascun si fascia di quel ch'elli è inceso
Dante, *Inf.*, XXVI, 48

LA PIEL

En el corto universo de holanda compartida
que la noche abandona, usual, al amor,
nada sucede, fuera de un orden, salvo —acaso—
la siempre transitoria confusión de otra piel
que nos reviste el alma y la desuella luego.   5

JARAS

Caoba y taracea en el centro del cuarto
acogían la espera de la noche acunante.
Dejó suelto su pelo, caído a la ternura.
Una larga constancia de vida sucesiva
comenzaba en la alcoba su entrega nuevamente.   5
Por el balcón abierto el olor de las jaras
removía una fábula antigua en la cortina.

CERAS DE DENISE*

Decorabas mis muros *nel mezzo del cammin
di nostra morte,* dádiva de un azul extinguido
en su calima, que era una advertencia ya.

Pero no supe dar con su recado entonces;
con toda la ternura que intacta sonreía   5
como un cristal abierto a otros días posibles.

En este barco anclado en el sur veo ahora
unas ceras distintas: se renueva en sus trazos
un recuerdo no hollado jamás por el desorden.

HACIA LAS TRES

Hacia las tres barrió el terral con dureza,
hizo rodar las sillas que dejé sin amarres
en la terraza, y tuve temor de que alcanzara
su ruido a despertarte de la siesta en el cuarto
que mi memoria había dispuesto a tu recuerdo.   5
Miré la mar que afuera del balcón se agitaba,
y su humedad y yo oramos brevemente.

---

* En relación con "Hacia las tres", de este mismo libro, y con "Carta a
Denise", de *La pared contigua*, poemas todos ellos dedicados a la pintora
francesa Denise Esteban, que fue amiga de la autora.
1-2   *nel mezzo del cammin / di nostra morte*: Variación del verso inicial de
La Divina Comedia (se ha cambiado "vita" por "morte").

LOS JERÓNIMOS*

Por el día extendido hasta la puerta cesa
la hiriente luz del sur, contraria a los acantos.
Enceguezco un instante en el tránsito oscuro
y el orden del silencio me acoge con su frío.
Bajo la piedra antigua, orante en inscripciones,   5
un rumor de ceniza alienta con mis pasos.

MERCADILLO DE YERBAS

Me llevó hasta la plaza el rastro de un aroma
—o no: su densidad, confusamente envuelta—
y andaba hacia mi infancia y una sierra y un cauce
hasta dar contra el muro en que expuestas las yerbas
—amarillas, violadas, rosadas, antracitas—,   5
apenas disecadas, exhalaban sus nombres
y proponían filtros para nombres heridos.

* Monasterio jerónimo de Granada, ciudad a la que en este libro se dedican
también "Mercadillo de yerbas", "Daralhorra" y "Puerta de la Justicia".

ROSAS*

Aquela nada e todo ao mesmo tempo
era a vida. E forom reluzentes criaturas
umhas cantas palavras que a alva desvanece,
um alento de luz sobre a geada suja.
Por este ofício nosso e compartida sede,   5
meio morrendo imos, desnomeadas, perdidas,
a raia do silêncio já cruzada,
doridas rosas rotas no recanto de um quarto.

[ROSAS

Aquella nada y todo al mismo tiempo
era la vida. Y fueron relucientes criaturas
unas cuantas palabras que el alba desvanece,
un aliento de luz sobre la escarcha sucia.
Por este oficio nuestro y esta sed compartida,   5
medio muriendo vamos, perdidas, desnombradas,
cruzada ya la raya del silencio,
dolientes rosas rotas en el rincón de un cuarto.]

* Escrito originalmente en gallego y traducido por la misma autora. Se trata de un homenaje a Rosalía de Castro. Son numerosos los poetas no gallegos que han escrito en esa lengua. Como ejemplos que María Victoria Atencia encuentra más próximos pueden citarse Federico García Lorca (de quien tradujo al castellano sus *Seis poemas galegos*) y Pablo García Baena (autor de "Gaita galega", en *Gozos para la Navidad de Vicente Núñez*, Madrid, Hiperión, 1984).

ESCALERA*

La noche me ofrendaba el tramo de silencio
de una angosta escalera que mi fiebre mullía.
En el rellano estabas —niña yo en ti— mirándome,
resistiéndote al sueño en tus ojos perplejos.
Me detuve un instante para besar tus sienes.   5
Seguí subiendo luego, y entré en el cuarto, cómplice.

NOVIEMBRE**

Para Juan Bernier

Oigo crujir tus hojas y vuelvo a estremecerme,
memoria de noviembre con la fruta en los labios,
pervertido jardín que hollé una vez, descalza,
y en el que, de rodillas, llevé mi frente al suelo.

Tengo el leve recuerdo de un sollozo y mi nombre,   5
y fielmente el del hueso, áspero, cautivo.

* "Quizás en 'Escalera' —y allí lo digo expresamente— soy la mujer que
sube y la niña que mira", señala la autora en su prólogo a *Poemas*, Oviedo,
Biblioteca de Asturias, 1989.
** A propósito de este poema María Victoria Atencia ha escrito: "Quizás
en 'Noviembre' hable del tierno encuentro reciente en un jardín, o del hu-
millado reconocimiento de mi poquedad ante una vocación más alta" (Prólogo a *Poemas*).

181

TULIA*

Hasta el tibio reposo de mi sueño te alzas,
ojos gualdos abiertos que saben mi costumbre:
te precede tu tacto y te roza mi aliento.
Una puerta se entorna a merced de la noche.
Me despierto de pronto y contigo comparto   5
tu impasible, felina quietud sobresaltada.

TERNURA

Quizá no sea ternura la palabra precisa
para este cierto modo compartido
de quedar en silencio ante lo bello exacto,
o de hablar yo muy poco y ser tú la belleza
misma, su emblema, aunque tan próxima y latiendo. 5
Y es también un destino unánime que vuelvan
a idéntico silencio —cuando llegue la hora
de la tregua indecible— mi palabra y tu zarpa.

* Se refiere, lo mismo que "Ternura" y "Ese vuelo", a una gata persa.
6 *felina quietud*: El adjetivo "felina" nos descubre el destinatario del poema.
1 *la palabra precisa*: A "la palabra precisa" ya se había aludido en el poema "Saudade", de *Marta & María*.
8 *tu zarpa*: Como en "Tulia", hasta el final —y de la manera indirecta tan propia de María Victoria Atencia— no se nos desvela que es un animal —una gata— el protagonista del poema.

ESE VUELO

Un abejorro azul, una moscarda,
una avispa, un tabarro, una mosca, una abeja
las puertas correderas en su espacio aprisionan.
Zumba una vida. Élitros perseveran agónicos,
se debaten, se esfuerzan apenas atendidos;   5
vuelven a golpear y, de súbito, callan:
Tulia, persa y maldita, hermosísima —claro—,
juego de amor y uñas, da razón de ese vuelo.

SAMOHÚ

Chorisia speciosa

Reconozco este árbol y su mudar continuo
y comparto su voz desgarrada en las ramas
hasta sentir astillas de madera mi sangre.
Fugaces como un súbito deseo reprimido
o el hueco que en el aire deja el paso de un pájaro,   5
soy ya vuestra querencia, palabras floreales
de una amarga balada para emprender el sueño.

183

ROSA DE JERICÓ*

Anastatica hierochuntica

Tantos años, y más, dejada en el armario,
con luz escasa y sed y savia detenida,
un vaso de cristal de Suecia interrumpe.
Tersos rasgos se yerguen
que asaltan con sus brincos de nuevo los gorriones,   5
ajenos a esta tregua entre la sed y el agua.

OCASO EN LOS CRISTALES

Esa luz que sostuve conmigo y con mis días
su espacio extingue ahora. Pero de tal manera
amor me fue velando su engaño en los cristales
que, todavía, a ciegas, la pasión prevalece.

DAVID ATENCIA**

Avanzas con la imagen del príncipe que eras,
con desdén por un orden que pronto adivinaste.
Luchando contra el frío, cuerpo a cuerpo estuviste
hasta hacerme a mí misma apresurar el paso.
Una carga de flores y recuerdos dispongo   5
por si sintiera yo también, de pronto, el frío
y tú te detuvieses y pudiera alcanzarte.

* La llamada rosa de Jericó, que no es una rosa, reverdece, mucho después
de cortada, tantas veces como se humedezca.
** En la primera edición el título era simplemente "David".

THE LONDON VIRTUOSI*

En el once de agosto de este mil setecientos
sesenta y seis (declaran ese año las puertas),
en el sacro recinto la flauta virtuosa
que ejecutaba a Bach me retuvo en suspenso
más alto que las bóvedas en sus altos pilares.　　　5

No es el momento ahora de extenderme en el hecho;
pero escribo estas notas, sin más, tal un poema.

MERMELADA INGLESA

Sobre el aparador, en su envase, me aguarda
dulce y agria a la vez, reluciente y equívoca,
elaborada en todo conforme a su receta
—reunidas las semillas, troceadas las mondas...—
para el placer agónico de cercarme los labios　　　5
en el acontecer mudable de los días.

LA CHIMENEA

Rueda un leño y aviva la muerte del rescoldo;
sobre la brasa pongo mi memoria pasada.
Si la llama es el fruto que el invierno confunde
dejémonos morir a su sabor ardiente.
También ella se goza en su propio regazo:　　　5
quizá sea el momento para acatar la gracia.

* Orquesta de Cámara que realmente interpretó a Bach en un mes de marzo
en la catedral de Málaga, cuyas puertas hacen constar el año 1766.

185

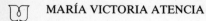

EL GESTO

Por si el frío quebrara la puerta de mi casa,
dueño ya de los bajos y el hueco de escalera
tras de su largo asedio en la calle arrecida,
voy a ordenar los libros, los cubiertos, la ropa;
voy a cerrar el gas y componer el gesto   5
con que han de reencontrarme cuando el deshielo llegue.

LA PARED CONTIGUA
(1989)

Para Rafael, Victoria, Álvaro, Eugenia.

PAPEL*

Para Rafael

Un estado anterior a la página en blanco
son las fibras de hilo
que antes vistieron, desnudaron cuerpos,
y luego, laceradas, el agua puso a flote.
Sobre la blanca superficie contiendo mi batalla,   5
mi agresión a los signos de los que alzo un recado
que en el papel silencia su confidencia apenas; el papel,
mi enemigo y mi cómplice, mi socio deseado, mi delator
herido sin piedad a lo largo del alma.

* En el poema se alude a la técnica de la fabricación artesanal del papel de
hilo.

BARCO NAUFRAGADO*

La diadema de óxido del barco naufragado
corona aún su corta dimensión sumergida
—calado, manga, eslora—,
herrumbrosa entre escamas y el terror del grumete
    que saltó aún a tiempo.
Y ahora me ven sus ojos redondos con cristales no
    rotos por las aguas   5
o el golpe, si es que al menos hubo un golpe que diese
    sentido a su desguace.
Su pérdida y mi hallazgo en la carne me duelen
    mientras te vas hundiendo
en un oscuro lecho bajo el sol que recorre nuestra
    espalda desnuda.

---

* En el poema "Wasa, 1628", de *El mundo de M. V.*, encontramos otra
referencia a un barco naufragado.

CARTA A DENISE

Vuelvo a escribirte, Denise, sobre la misma mesa
de preciosas raíces que conociste y dan
savia a las siemprevivas y apoyo a estas palabras,
resumen barnizado de un bosque. Bien lo sabes,
tú, que coloreabas la fronda del olivo   5
y eran tuyos los campos como mi calle es mía
(y, cuando niña, el campo); tú, que pusiste luz
—y una súbita sombra— en los paisajes que en la
    pared me miran escribirte;
tú, voz albergada en algún cuarto próximo,
de dulces sepias y azules desvaídos a lo largo de las
    horas cortísimas que recorrimos juntas.   10
Por eso ahora te escribo, Denise, mientras me queda
    tiempo, cada vez menos tiempo,
porque van a llamarme a través de esa pared contigua
y ya he cumplido de tu falta un año
y no sé cuántos días de condena.

---

1   *Denise*: Denise Esteban, pintora francesa.
12   *van*: Edición original, "vas". Corrijo por indicación de la autora.

LAS JÁBEGAS*

Por si tengo un momento,
por si es por la mañana con sus luces primeras
y el agua es sólo un viejo azogue corrompido,
voy a mirar al mar. Una música antigua,
por los auriculares, se acerca de puntillas   5
—no quiero despertarte—
sobre un crujir de muebles mientras la luz se alumbra.

Refresca aún la hora y me resguardo en el jersey de
    nudos,
en tanto que las jábegas siguen surcando el puerto.
Se aposentan gaviotas en las esbeltas grúas   10
y la vida retorna, como en su origen mismo, desde un
    mar balbuciente.

---

* Embarcación de pesca característicamente malagueña. A ella se refirió
Jean Cocteau, en su poema "Málaga" (*Caracola*, 28, febrero 1955) al escribir que "la barque avait cet oeil des morts egyptiens".
9 *en tanto que las jábegas siguen surcando el puerto*: En *La pared contigua*
se leía: "En tanto que las jábegas de limitada quilla / siguen surcando el
puerto". La autora decidió prescindir de la expresión "de limitada quilla"
por haberse entendido en Málaga de manera literal.

ESTACIÓN EN PENUMBRA

Au-delà de cette limite
votre billet n'est plus valable!

Debiera ser todo tan sencillo como sanar un niño
　de la rubeola,
con luz ya en la ventana y en la colcha esparciéndose
　en oro,
y el rumor recobrado del paso de su madre, y una
　taza de leche,
y un deseo de ternura que a mi edad me acompaña
　todavía,
me funde al movimiento de este tren subterráneo　　　　5
o vida o desistido papel que abandono en la incierta
estación en penumbra más allá de la cual mi billete no
　es válido.

La cita en francés, que se traduce en el último verso, aparece en ciertas
estaciones del "metro" de París.
1 *debiera de ser*: En la primera edición, "debiera ser".

VOYEUR

Algarve

Me llegué, ya sin voz, junto al acantilado
y tiré roca abajo cuanto me estaba impuesto.
No sé qué verde mano removía los fondos
o qué agua sucia o costra corroían la piedra
con el mar avanzante,   5
retrocediente, hiriente,
allá abajo,
y las grajas electrizaban su plumón, y tuve
cierta satisfacción contemplando mi vértigo,
con certeza sabiendo que al fin   10
y al cabo esto es sólo un poema,
que sigo aquí y que aún puedo escribirlo.

RECUERDOS

En algún sitio suyo, personal y distante,
ocultan las imágenes su diario sentido hasta el que
    apenas llego,
y me acuso de usar cada vez, al decirme,
idénticos silencios rotos contra mi alma,
aunque en la oscura noche vienen acompañándome,   5
me serenan o aventan, me sosiegan o exhalan,
me adentran en el cierto corazón de su historia
y me apartan del uso natural del recuerdo.

HERIDA

Cuando un signo contrario se me instala y me llena
de vacío, corriente vida arriba prosigo, el corazón
   abierto
—y su fábrica antigua— a una herida de niebla
en mi porción humana encomendada,
para tornar en trizas la corteza de un viento   5
que en su puño me ahoga. Nadie demora nada
ya transcurrido. Es sólo la tiniebla que vuelve
y se ahuyenta dejando una idéntica llaga
tras de cada regreso. Y una quisiera, a veces,
quedarse para siempre entre las cañaveras.   10

ÉXODO*

Me ahogaba yo también, con mis palabras cortas,
en el hambre de un pan que por mí renunciaban,
y me herían sus migas ya duras por la noche, pegadas
   a mi cuerpo,
y la espiria, el almez, el madroño que me aguardaba
   fuera,
y el toro en el tinado con su hendida pezuña   5
bombardeando el suelo, sacudiendo mi cuarto
resguardado por sacos terreros que empapaban la sangre
de aquel río esparcido que lo anegaba todo.

* Escrito para colaborar en un homenaje a César Vallejo y con el trasfondo
de su poema "¡Málaga sin padre ni madre…!", perteneciente a *España,
aparta de mí este cáliz.*

VIAJE

No sabemos siquiera lo que somos, pero eso
nos conduce: prosiguen nuestros trenes en marcha.
Cruza un convoy por el carril opuesto
y no hay adiós alguno, fingiéndonos los mismos;
los mismos, pero yendo, sabiendo sin sorpresa   5
ni memoria. Otra vez la estación y otra vez la campana.
Vuelve a arrancar la tarde y nos tizna su humo.

EL BROCHE

Para Clara Janés

Sobre mi vientre cierran unas manos de plata
casi lunar que vienen por la calle conmigo
y al llegar a la casa dejo que se adelanten,
que dispongan la almohada y suelten mi cabello,
que me traigan noticias de los tempranos brotes,   5
se cercioren —si duermo— de que aún vivo,
       rozándome
y pueda retener en las mías —despierta—
como hace treinta años.
                        Estas manos del broche
que tiernamente cercan mi cintura vacía.   10

LA MARCHA

Éramos gentes hechas al don de mansedumbre
y a la vaga memoria de un camino a algún sitio.
Y nadie dio la orden. —Quién sabría su instante.—
Pero todos, a un tiempo y en silencio, dejamos
el cobijo usual, el encendido fuego que al fin se
    extinguiría,   5
las herramientas dóciles al uso por las manos,
el cereal crecido, las palabras a medio, el agua
    derramándose.
No hubo señal alguna. Nos pusimos en pie.
No volvimos el rostro. Emprendimos la marcha.

MUSEO

El zaguán conocido, las muelles escaleras
de olorosa madera antigua que hago, silenciosa, crujir
—esquivada la guardia de abotonadas botas—,
su luz velada ofrecen a quien no la precisa;
a quien supo ya el dulce pesar de la caricia que la
    hermosura deja   5
y —despierta de súbito— deseante se viste e
    interrumpe la noche,
se echa a la calle, avanza, y vuelve a aquel museo en el
    que estuvo expuesta.

LA SEÑAL

Pasaremos el tramo,
¿quién ante quién? Por si estamos distantes
—o juntos— y queremos avisarnos de un arribo
  esperado,
convengamos un signo, una señal cualquiera de
  advertencia,
como un secreto nuestro guardado entre nosotros   5
y que luego olvidásemos:
cualquier cosa del otro que de pronto se rompa
de bruces contra el suelo,
un sinsentido de algo con sentido;
un estremecimiento, columna arriba, helado.   10

EN MEMORIA*

Isabel Manoja

Tú, su habitante oculto, su cierta compañía,
su perpetuo presente por tu lengua de fuego,
devuélvela al silencio del que la despertaste
cuando aún no llevaba tu sello en su saliva:
tras de tantas palabras que ya se deterioran,   5
acoge, en su memoria, el amor que te tuvo.

* El título traduce la fórmula "In Memoriam", habitual en los epitafios.

ARMANDUS DE CREMONA FACIEBAT*

Arman (Col. Schönberg)

Erais un haz de luto desflecado en las crines de
    olvidados caballos
que supieron de cargas y paradas brillantes,
y el amor conocieron de la hembra encendida, sujeta
    por los flancos;
y el trabajo y la lluvia.
Hilachas ya, pendéis del arco que sostuvo el virtuoso   5
sobre gimientes cajas que el roce de los dedos en el
    barniz denuncian.
Todo enclaustrado: escombros por piedad exhibidos
    bajo cristal y rótulos.
O ni siquiera por piedad: por furia de recrear la vida
y el arte. Y yo lo acepto,
si es cierto que lo bello es el comienzo sólo de lo
    terrible.   10
Pero en mis labios muerdo la agria rebeldía
de aquella crin y de esta madera que fue noble.

---

* Composición de la colección Schönberg, expuesto en Madrid, Fundación
Juan March, 1988.
10   Alusión a la primera de las *Elegías Duinesas*, de Rilke: "Pues lo hermoso no es más que el comienzo de lo terrible que todavía podemos soportar"
(traducción de Jaime Ferreiro Alemparte).

PIEDRA PARA LA MEDITACIÓN*

Karl Prantl (Col. Schönberg)

Palpo a escondidas, de soslayo, el grano del bloque
  en el museo,
no piedra desechada, sí crecida, cimiento de un
  reposo interior
que por dentro me sube, ya fuera del gozo o de la
  sombra.
El árbol, el verdeante árbol de la sangre renacida en
  su ciclo,
desde la rama tierna, desde la yema de mi dedo, táctil,
  acelera su pulso   5
y yérguese al socaire de la ventisca junto a un lago de
  luto
en el que el alma deja su traje de faena sobre una
  piedra fría escandinava.

* Pieza de la colección Schönberg, expuesta en Madrid, Fundación Juan
March, 1988.

LA MÚSICA*

Volveré a tus estancias, padre Haendel, y a
   encerrarme con clave
universal donde nada más oiga, o sólo el roce
de una esfera celeste; volveré a las estancias en las
   que fui creciendo
y aspiré alguna vez a un sitio claro propio;
yo, la desterrada ahora, la del exilio mudo por hastío
   de ti,   5
desdeñado el antiguo amor y su servicio
bajo el ardiente arco del verano y su caliente
   insinuación:
bien venida al silencio.

---

* La música tiene una gran importancia en la poesía de María Victoria
Atencia. En el prólogo a *Poemas*, explicará: "No procedo de la Universidad
sino —en todo caso— del Conservatorio".
1 *padre Haendel*: Al compositor alemán Friederik Haendel (1685-1759) ya
se había referido en el poema "Saudade", de *Marta & María*.
2-3 *el roce / de una esfera celeste*: Referencia a la concepción (de base
pitagórica) del Universo como formado por diversas esferas que al moverse
producían cada una de ellas un sonido y todas juntas una música constante
que nuestros oídos no podían percibir.

Índice de Poemas

ARTE Y PARTE

Sazón 53
Venda 54
Calle 55
Mirando hacia arriba 56
Pueblo 58

CAÑADA DE LOS INGLESES

Desde un niño 61
El amor 62
Epitafio para una muchacha 63

MARTA & MARÍA

I

1 de diciembre 67
Entre los que se fueron 68
Puerto llovido 69
Cuanto escondió el olvido 70
Aniversario 71
Mar 72
San Juan 73
Ahora que amanece 74
Día de la ira 75
Heredarán los campos 76

II

Saudade 77
Blanca niña, muerta, habla con su padre 78
Dejadme 79
Muñecas 80
Mujeres de la casa 81
El lecho 82
Jardinero Mayor 82
La maleta 83

Expolio 84
Con la mesa dispuesta 85
Dar y pedir 86
A esta altura de vida 86

III

La moneda 87
Ofelia 88
Casa de Blanca 89
Qué hacer si de repente.. 90
El duro pan 91
La gallina ciega 91
Si la belleza 92
El viaje 92
Testimonio 93
Marta y María... 94

LOS SUEÑOS

Coronel Shaw.. 97
Villa Jaraba... 98
Quintana 99
El Conde D. 100

EL MUNDO DE M. V.

Tiempo para tejer, tiempo para destejer

El mundo de M. V. 103
Suceso 104
Este juego 105

Razón del tiempo en Churriana

La Cónsula 106
Sueño de Churriana 107
Retiro de Fray Alonso 108

Tiempo de los baños

Hotel del Balneario 109
Ruedo de Carratraca 110
Casa de los baños 111

Tiempo para que el viento rompa el cristal suelto

    Anita 112
    Inés 113
    Cuarenta años más tarde 114

Tiempo para el recuerdo

    Wasa, 1628 115
    Karlskoga 116

Tiempo para el amor

    Eclesiastés 3, 5 117
    Estrofa 24 118
    Godiva en blue jean 119
    Exilio 120

PASEO DE LA FAROLA

    Amanece 123
    Flor 124
    Vendeja 124
    Mientras escribo 125

EL COLECCIONISTA

Venezia Serenissima

    Placeta de San Marcos 129
    Ghetto 130
    Caffè Florian 130

Suite italiana

    Pietà Rondanini 131
    Santa Maria del Fiore 131
    Jardín de Intra 131

Capillas mediceas

    La aurora 132
    Crepúsculo 132
    La noche 133

En el joyero Tiffany's

    Cántico 134
    La madre de Héctor 135

ÍNDICE DE POEMAS

Cerco continuo 135
Para unas hojas secas.. 135

Champs Elysées

Tour Saint-Jacques 136
Venus de Milo 136
La licorne 137

Homenaje a Turner

Rain.. 138
Venice 139
Life-boat 139
Pintura inglesa 140

Aroma caudal

Baño 141
La esfera 141
Photo Hall 142
Afán.. 142

Himnario

Tránsito de Esteban 143
Aureola de Sebastián 144

COMPÁS BINARIO

Debida proporción

Debida proporción 147
Noche oscura 148
Ausentes ojos 148
El seto 149

Compás binario

Compás binario 150
Epitafio 151
Conjuro 151
Jorge Manrique 151
John Moore 152

Porcia

Despedida 153
La visita 154

La rama dorada 154
Félix Gancedo 154
Jardín 155

Adviento

La mano 156
Les amours 157
Laguna de Fuentepiedra 158
Temporal de levante 159
El mundo de Cristina.. 160

Caprichos

Marquesa de Lazán 161
Conde de Fernán Núñez 162
Condesa de Chinchón 162

PAULINA O EL LIBRO DE LAS AGUAS

Paolina Borghese 165
La señal 166
Villa d'Este 166
Ponte Sant'Angelo... 167
Esclavo agonizante 167
La chiesa 168
Esa luz 168
Al sur 169
Memoria de Adriano 169
La llave 170

TRANCES DE NUESTRA SEÑORA

El sol 173
Memoria 173
El viento 174
Victoria 174
La mano 174

DE LA LLAMA EN QUE ARDE

La piel 177
Jaras... 177

ÍNDICE DE POEMAS

Ceras de Denise 178
Hacia las tres 178
Los Jerónimos 179
Mercadillo de yerbas 179
Rosas 180
(Rosas) 180
Escalera 181
Noviembre 181
Tulia 182
Ternura 182
Ese vuelo.. 183
Samohú 183
Rosa de Jericó 184
Ocaso en los cristales... 184
David Atencia 184
The London Virtuosi... 185
Mermelada inglesa... 185
La chimenea 185
El gesto 186

LA PARED CONTIGUA

Papel 189
Barco naufragado 190
Carta a Denise 191
Las jábegas 192
Estación en penumbra 193
Voyeur 194
Recuerdos 194
Herida 195
Éxodo 195
Viaje 196
El broche.. 196
La marcha 197
Museo 197
La señal 198
En memoria 198
Armandus de Cremona faciebat 199
Piedra para la meditación 200
La música 201

Índice de láminas

	Entre págs.
María Victoria Atencia	92-93
Con don Dámaso Alonso, director de la Real Academia, poeta y uno de los grandes maestros de la Universidad española. En Madrid en 1985	92-93
El Puente de los Suspiros en Venecia, ciudad inspiradora de muchos poemas de María Victoria Atencia	166-167
María Victoria Atencia en una lectura poética, Oviedo, 1989	166-167

ESTE LIBRO
SE TERMINÓ DE IMPRIMIR EL
DÍA 4 DE OCTUBRE DE 1990

TÍTULOS PUBLICADOS

1 /
ANTOLOGÍA POÉTICA DE ESCRITORAS DE LOS SIGLOS XVI Y XVII
Edición, introducción y notas de Ana Navarro

2 / *Josefina Carabias*
LOS ALEMANES EN FRANCIA VISTOS POR UNA ESPAÑOLA
Edición, introducción y notas de Carmen Rico Godoy

3 / *Emilia Pardo Bazán*
DULCE DUEÑO
Edición, introducción y notas de Marina Mayoral

4 / *María de Zayas*
TRES NOVELAS AMOROSAS y TRES DESENGAÑOS AMOROSOS
Edición, introducción y notas de Alicia Redondo

5 / *María Martínez Sierra*
UNA MUJER POR CAMINOS DE ESPAÑA
Edición, introducción y notas de Alda Blanco

6 / *Concha Espina*
LA ESFINGE MARAGATA
Edición, introducción y notas de Carmen Díaz Castañón

7 / *Borita Casas*
ANTOÑITA LA FANTÁSTICA
Edición, introducción y notas de Ramiro Cristóbal

8 / *Carmen de Burgos (Colombine)*
LA FLOR DE LA PLAYA Y OTRAS NOVELAS CORTAS
Edición, introducción y notas de Concepción Núñez Rey

9 / *Gertrudis Gómez de Avellaneda*
POESÍA Y EPISTOLARIO DE AMOR Y DE AMISTAD
Edición, introducción y notas de Elena Catena

10 /
NOVELAS BREVES DE ESCRITORAS ESPAÑOLAS (1900-1936)
Edición, introducción y notas de Ángela Ena Bordonada

11 / *Sofía Casanova*
LA REVOLUCIÓN BOLCHEVISTA
Edición, introducción y notas de M.ª Victoria López Cordón

12 /
POESÍA FEMENINA HISPANOÁRABE
Edición, introducción y notas de M.ª Jesús Rubiera Mata

13 /
POESÍA FEMENINA EN LOS CANCIONEROS
Edición, introducción y notas de Miguel A. Pérez Priego

14 / *Rosario de Acuña*
RIENZI EL TRIBUNO, EL PADRE JUAN
Edición, introducción y notas de M.ª del Carmen Simón Palmer

15 / *Beatriz Guido*
EL INCENDIO Y LAS VÍSPERAS
Edición, introducción y notas de Pedro Luis Barcia

16 / *María Victoria de Atencia*
ANTOLOGÍA POÉTICA
Edición, introducción y notas de José Luis García Martín

17 / *Paloma Díaz-Mas. Lourdes Ortiz. Ana Rosetti. Esther Tusquets. Mercedes Abad. Susana Constante. Marina Mayoral*
RELATOS ERÓTICOS
Edición, introducción y notas de Carmen Estévez Vázquez

18 / *María Campo Alange*
MI NIÑEZ Y SU MUNDO
Edición, introducción y notas de María Salas Larrazabal